ゆれる日本語、それでもゆるがない日本語

NHK調査でわかった日本語のいま

NHK放送文化研究所
主任研究員
塩田雄大

世界文化社

はじめに

「ゆれる」「ゆるがない」は、擬態語「ゆらゆら」と深い関係があります。非常に簡単に言うと、「ゆれる」は「ゆらゆらすること」、「ゆるがない」は「ゆらゆらしないこと」を意味します。つまり、前者は「不安定であること」、後者は「(不安定ではなく)安定していること」を表します。

日本語は、ゆれています。これは、一つのものごとを言い表すのに、いくつもの言い方(語形)があったり、また、一つのことばが、いくつもの意味を帯びて用いられていたりすることを指します。

では、日本語にさまざまな「ゆれ」が存在するという理由で、日本語自体の存立が危ぶまれるということは、あるのでしょうか。ぼくは、そんなことはないと考える立場です。日本語は、そんなやわなものではありません。

歴史的に見ても、日本語はずっと、さまざまな形でゆれ続けてきています。そのときそのときの人たちが使いやすいように、時代とともにいろいろな部分を変化させています。そして「ゆれ」の現象から、そのことばをめぐって、いまがまさにことばの変化の過渡期であることを知ることができる（最近の言い方をすると「知れる」）場合も、よくあります。

たとえば、「あめ（雨）」ということばは、語の形も、意味も、古代の日本語からほとんど変化していません。これは、変化する必要性・必然性が、ないからでしょう。いくら外来語をよく使う人でも、「レインが降ってきた」とは（冗談でない限り）言いません。「雨が降ってきた」で雪が降ってきたことを表すような変化のきざしも、見当たりません。あるいは、そのような単語の入れ替え（雨→レイン）や、意味変化（「雨」の指すものが変わってくる）を起こすような要因は、いまのところ、ないのです。

一方、この本で取り上げるさまざまなことばは、すべて「ゆれ」が見られます。その中には変化の途中段階であるものも多く、そのことが、年代差という形で表れている場合もあります。それぞれの変化が発生するのには何か理由がある（はずだとぼくは思っている）のですが、くやしいことにそれがうまく把握できないこともしばしばです。

こうした形で、日本語には、ゆれずに安定している部分と、ゆれを見せながら変化が進行中である部分があります。こうした変化を繰り返すさまは、ぼくにはまるで、生きものの進化の過程のように見えます。

このようにゆれる部分があるのは自然なことなのだから、そんなものは放っておけばよいのかと言うと、ぼくにはそうも思わないところがあります。たとえば、あまりにも急速な変化とそれに伴うギャップの増大は、その変化を推進している集団（特に若者世代）と、まだ変化を受け入れていない集団（特に高齢世代）との間で、意思疎通に困難が生じることもあります。これは、社会全体としてはデメリットになります。

では、「若者世代が、伝統的なことばづかいを習得すべきだ」とか、その反対に「高齢世代が、新しい時代のことばづかいを覚えて慣れるべきだ」とか、このどちらか一つの方法だけで、問題は解決するのでしょうか。おそらくそんなことはなくて、いま生きている人たちの、互いの歩み寄りや、知恵と工夫が必要だと考えています。

この小さな本を手に取ってくださった方の中には、「近ごろの日本語は乱れている」と憤慨している方も、もしかするといらっしゃるかもしれません。ですが、問題はそう単純ではないのです。ここで言っている「近ごろの日本語」に対比される日本語（いわゆる「正しい日本語」）は、具体的に、どのようなものを指すのでしょうか。

たとえば、「食う」という動詞は、古語では「食ふ」の形で「薬を服用する」という意味もありました。では、この用法が日本語の伝統的なものだからといって、「もう、かぜ薬は食いましたか」と言えるかというと、そんなことはないですよね。何を当たり前のことを、古語などを持ち出してくるのは屁理屈だ、とお思いかもしれません。それなら、「明治期から昭和期前半まで」あたりのことばづかいだけが「正しい日本語」なのでしょうか。その根拠は？

どうも、「自分が生まれ育ってから接してきたことばづかいのうち、自分が『正しい』と考えるもの」を「正しい日本語」だととらえる傾向があるのではないかと思われます。「正しいものとは何かというと、自分が正しいと思うもののことである」では堂々巡りで、感じ方・考え方が異なる人との接点が生まれません。

こうしたことを打開するための一つのヒントとして、この本では、いま生きている人たちがどのように考えているか・感じているかを、調査の結果という形でなるべく客観的かつ具体的に示そうと試みています。ここから、日本語の多様性や、自分と違う年代の人たちはこんなふうに考えてるんだ、などといったことを感じ取っていただけたらと思っています。
山道を歩いていて、あ、こんなところにこんなかわいらしい花が咲いている、四つ葉のクローバーを見つけた、というような感覚で、ふだんの日本語にこんな「ゆれ」があったんだ、という軽い驚きの感覚を楽しんでいただけたらうれしく思います。

それぞれの項を、毎日が新しいことの連続だった小学生のころを思い出しながら、時間割りのような形にまとめてみました。どの項にも「ゆれ」が満ちていて、少しずつ変化しながら躍動し、そして存在し続けていく日本語の姿が見えてくるものと確信しています。
このように、日本語は、常にゆれているけれども、これからも決してゆるがないのです。

塩田雄大

目次

3時間目 算数 悩ましい数々のことば

4時間目 音楽 発音が変わる日本語

給食 日本語を味わう

5時間目 国語 ことばの神は細部に宿る

6時間目
社会
わたしたちの日本語の現在

本書の調査データについて

この本で紹介している調査の形態には、以下の２種類のものがあります。

1．全国無作為抽出調査

世論調査形式の調査。回答者を、全体として日本の大人（20歳以上）の平均像になるべく近くなることを目指して無作為（ランダム）に選んだもの。調査は対面式で実施。

注記の例：
（2021年９月実施、全国1,200人回答［計画標本数4,000、有効回答率30.0%］）

選ばれた4,000人のうち、30.0%（＝1,200人）が回答した
当初の計画で無作為に選んだ人数が4,000人
実際に回答した人数が全国で1,200人

年代別などの調査結果には、それぞれの人数の内訳も記した。

2．ウェブアンケート

NHK放送文化研究所のウェブサイト上にアンケートのコーナーを１か月程度開設して、サイトを閲覧した人に回答してもらったもの。調査結果の性質として、そもそもことばに関心のある人たちが積極的に回答していることなどをふまえておく必要がある。

注記の例：
（2016年６月〜７月実施、NHK放送文化研究所ウェブアンケート、694人回答）

なお、掲載したグラフの中には、四捨五入の関係で合計が100にならないものもあります。

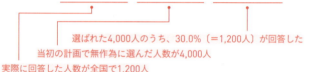

1時間目

学活

「正しくない」日本語？

01

「汚名挽回」は、おかしい？

Q

「汚名挽回」という言い方は、おかしいのでしょうか。

A

いろいろな意見がありますが、一概に「おかしい」とは言い切れないように考えます。現状では、おかしいと思う人とそうは思わない人が、同数程度です。「汚名挽回」を「おかしい」言い方だとすると、「疲労回復」や、「遅れを取り戻す」などといった言い方も、同じ理由で「おかしい」ということになると思うのですが、これは少々いきすぎなのではないでしょうか。

「汚名挽回」という言い方が、「おかしな日本語」の例として挙げられることがあります。今この文章をＰＣで入力していても、「汚名挽回」の文字のところに、ことばとして間違っているかもしれないことを示す下線が、校正機能で自動的に表示されます。「汚名挽回」を「おかしい」と判断する根拠は、たとえば次のように説明されています。

「『汚名挽回』は『汚名返上』と『名誉挽回』が混同され、定着した言葉だ。これについて『汚名を返上して、名誉を挽回することをつづめて言ったものだ』と説明するものもある。しかし、この解釈は『汚名返上』と『名誉挽回』の意味を知らなければ成り立たない。また『挽回』は『取り戻すこと』だから、『汚名挽回』は『汚名を着たものを元の状態に取り戻す』ことで、間違いではないという解釈もある。ところがこれも『汚名』と『挽回』の間に『着たものを元の状態に』という憶測を含めた解釈だ。『汚名』を『返上』する、『名誉』を『挽回』するというストレートな理解が、無理のない解釈だと考える。」

（『汚名返上』『マスコミ用語担当者がつくった使える！用字用語辞典』p.117）

これに対して、「いや、〝汚名挽回〟は必ずしもおかしくはない」という考えがなぜ成り立ちうるのでしょうか。まず、「挽回（する）」ということばの意味を見てみましょう。

「失ったものをとりかえすこと。もとへもどすこと。回復。「劣勢を挽回する」「名誉挽回」」

（「ばんかい【挽回】」『大辞林（第四版）』）

つまり「挽回」には、㋐「ものをとりかえす」だけでなく、㋑（ある状態を）「もとへもどす」という意味もあって、用例として挙げられている「劣勢を挽回する」は㋑の意味で使われているものです。もし「挽回」に㋐の意味しかないのであれば、「劣勢を挽回する」あるいは「遅れを挽回する」などの言い方も、「おかしな日本語」であるということになってしまいます。

しかし、ふつうはそう考えません。

また、現代日本語の書きことばの現況の一端を詳細に知ることのできる検索システム「NINJAL-LWP for BCCWJ※」を使って「…を挽回する」という形の文がどのくらい出現しているかについて見てみたところ、「劣勢を挽回する」が6例、「遅れを挽回する」が3例、「汚名を挽回する」は2例出てきました。一方「名誉を挽回する」は1例でした。

「実例が多いのであればそれは必ず正しい」ということでもないのですが、「挽回」には（少なくとも）先述の㋐㋑の2つの意味があることを理解しておくのは重要なことだと考えます。

「汚名挽回」について、調査をしてみました。「汚名挽回」は「間違った言い方である」という指摘に対して、どう考えるかを尋ねました。

結果は、【そのとおりだと思う】という回答が47％であったのに対して、【そうは思わない】が42％となりました。

両者の数値に、それほど大きな差はありません。つまり、「汚名挽回」という言い方を間違っていると考える人と、そうは思わないという人は、だいたい半々です。みんながみんな、この言い方をおかしいと思っているわけではないということです。

年代別には、30代と40代では【そうは思わない】が【そのとおりだと思う】を上回っていました。

また、関東と関西でもかなり違っていて、関東では【そのとおりだと思う】が多いのに対して、関西では【そうは思わない】のほうが多くなっています。

以上のような考え方や現状を頭に入れたうえで、「汚名挽回」という言い方はやっぱり気になるという人は自分では使わないようにすればよいでしょうし、あるいは自分の感じ方とは別に、おかしいと感じる人が一定程度いるのであれば公の場ではあえて使わない、という選択肢もあるでしょう。だからといって、自分以外の人が使う「汚名挽回」を「取り締まったり」する必要はないと思うのです。

要は、自分以外の人のことばづかいをそう軽々しく否定したりするものではなく、各自がきちんと自分の頭で考えて結果を出すことが大切だというのが、みなさんにお伝えしたいことなのです。

そのための判断材料を、ご提供していきたいと思っています。

〝汚名挽回〟？

「汚名」は「悪い評判」、「挽回」は「取り戻す」という意味なので、「汚名挽回」は「悪い評判を取り戻す」ということになってしまうから間違った言い方である、という指摘があります。これについて、お考えに最も近いものをお答えください。

（全体47％）

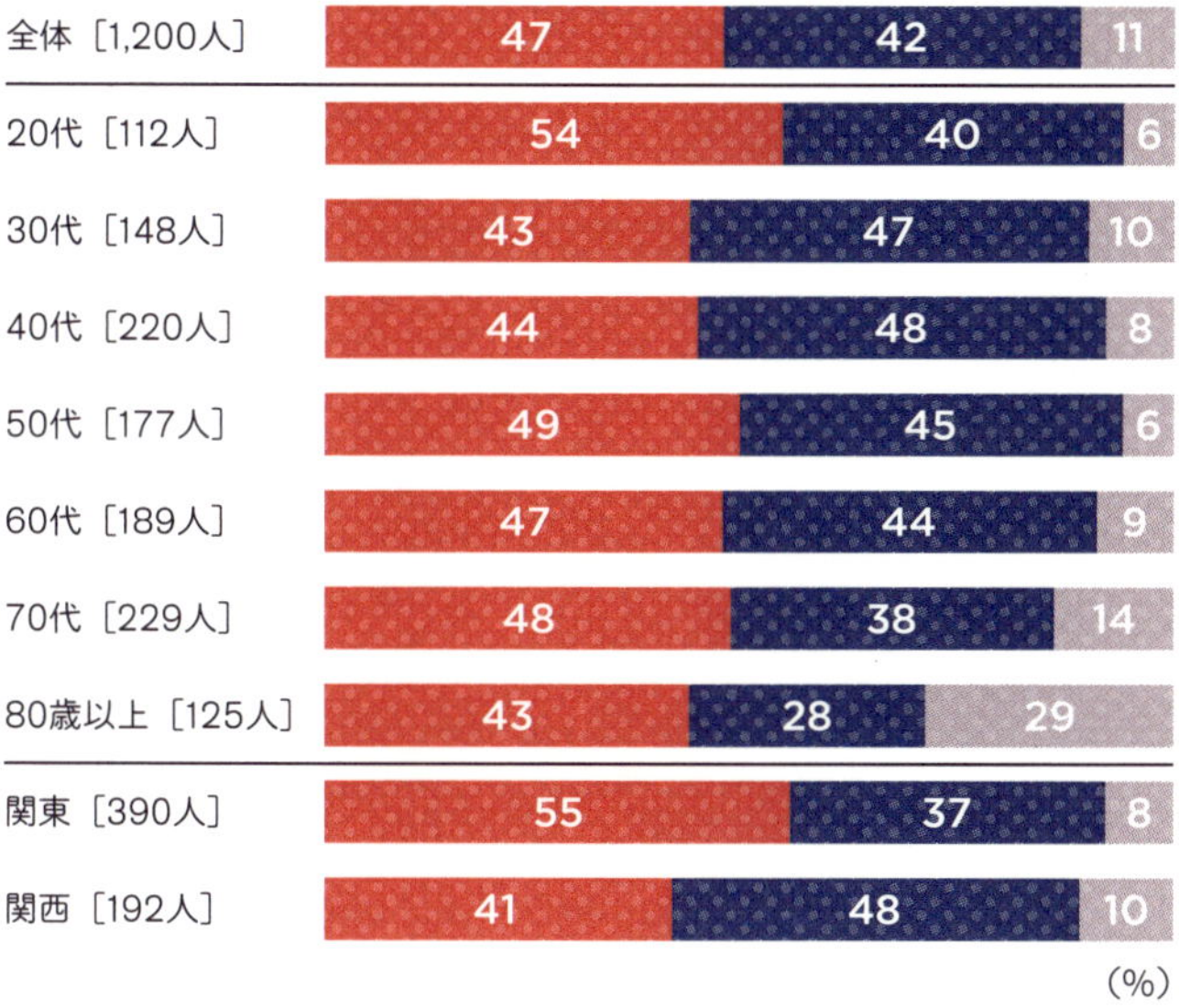

【そのとおりだと思う】
「このような指摘は聞いたことがあるし、そのとおりだと思う」
＋「このような指摘はいま初めて聞いたが、そのとおりだと思う」

【そうは思わない】
「このような指摘は聞いたことがあるが、そうは思わない」
＋「このような指摘はいま初めて聞いたが、そうは思わない」

わからない

（2021年9月実施、全国1,200人回答［計画標本数4,000、有効回答率30.0％］）

※p.16　NINJAL-LWP for BCCWJ　https://nlb.ninjal.ac.jp/

02

「貯金を取り崩す」？「貯金を切り崩す」？

Q

「貯金を切り崩す」という言い方は、おかしいのでしょうか。

A

以前は、おかしいとされることがよくあり、また今でもそう考える人は決して少なくはありません。

しかし近年の調査の結果では、全体的には広く受け入れられているようすが見て取れます。

まず、「切り崩す」という動詞について見てみます。これは、国語辞典でこのように説明されています。

①削り取って元の形をこわす。「山を切り崩す」
②相手の弱点を攻めて、団結や防備を分散させる。「反対勢力を切り崩す」
③〔新〕預金や貯金から、少しずつ使う。「貯金を切り崩して生活する」［参考］「取り崩す」との混同から。

※傍線は引用者による（以下同）（「切り崩す」『明鏡国語辞典（第三版）』）

「貯金」での使い方に該当する③に〔新〕とあるとおり、この用法は新しく生まれたものだと位置づけられています。では、「貯金を切り崩す」よりも前から使われていたとされている言い方は何なのでしょうか？

その答えは、「貯金を取り崩す」です。

①くずして取り去る。とりこわす。「老朽家屋を取り崩す」
②まとまっているものから少しずつ取り去る。「貯金を取り崩す」

（「取り崩す」『明鏡国語辞典（第三版）』）

ところが、です。そうか、「貯金を取り崩す」が伝統的な言い方だとされているのか、ではこれにて一件落着。というような簡単なものではないようなのです、実は。
いろいろな国語辞典を調べてみた結果、「取り崩す」ということばの使い方として「貯金を取り崩す」に該当する記述をきちんと載せている辞典は、どうも昭和40年代以降にならないと出てこないようなのです（太田眞希恵（2010）「「貯金を切り崩して」はダメ?!」『放送研究と調査』2010年8月号）。

ただ、辞典の記述内容というのは、どうしても現実のことばの変化・実態よりも遅れるものです。ある言い方が実際に使われている場合でも、それが辞典に載るのは、ある程度時間がたってからのことになります。

国立国会図書館が提供している「NDL Ngram Viewer※」というシステムを使って実例を検索してみたところ、お金に関して「取り崩す」を使った古い例としては、たとえば次のようなものが見られました。1920年代の例です（これより古い例が見つかったら、ぜひ教えてください）。

「例へば前期繰越金又は準備金の内から其の或部分を取り崩し、以て純益金の金額を増加し、」（p.43）

（上野道輔『会計学　第2部1 貸借対照表論』、有斐閣書房、１９２３（大正12）年）

一方「切り崩す」も、この「取り崩す」の例と、実はそれほど変わらない時期に使われていることがわかりました。同じく１９２０年代の例を示します。

「配當準備金として利益金を社内に保留し、その額が今日では六十萬圓に達してゐるから、この積立金を切り崩して配當に振り向け、」（p.92）

（『実業之日本』23（16）、実業之日本社、１９２０（大正9）年8月）

「其他《そのた》生産的《せいさんてき》なことによつて積立金《つみたてきん》を切《き》り崩《くず》せばいいのである。」（p.１５３）

（野依秀一「日本郵船御家騒動の真相を述べて将来の紛擾根絶策を論ず」『実業之世界』21（1）、実業之世界社、１９２４（大正13）年1月）

「不合理に銀行の手中に擁せられたる資金運用の切り崩し運動と」（p.１３２）

（細矢祐治「銀行と信託会社の関係（二）」『銀行研究：理論と実際』6（5）、銀行研究社、１９２４（大正13）年5月）

「然るに戦争に依る経済界の大変動は、何時でも極度に小作人の生計予算を切り崩して、」（p.119）

（中澤辨次郎『小作問題の新展開』、早稲田泰文社、1924（大正13）年6月）

こうした実例を見ると、こんなことが想像されてきます。

①「（貯金などを）取り崩す～切り崩す」は、ともに大正期ごろから使われていた。

②この使い方を国語辞典がとらえて記述したのは、昭和期のなかば。

ただし、辞典には「（貯金などを）取り崩す」のみが記され、「（貯金などを）切り崩す」は拾われなかった（もしかすると、このころ実際に使われていた例は、数の面で「取り崩す」のほうが多かったのかもしれない）。

③そのため、「（貯金などを）取り崩す」が正しく「（貯金などを）切り崩す」は誤りであるとか、「（貯金などを）切り崩す」は新しい言い方であるという見解が生まれた。

この考えがほんとうに正しいかどうか、今後とも資料を集めて考えていきます。

使う必要がある場面なら、使ってかまわない。「貯金を切り崩す」という言い方も、そして実際のお金も、そういうものだと言えるのではないでしょうか。

貯金を……

A「貯金を取り崩す」

B「貯金を切り崩す」

（年代別）

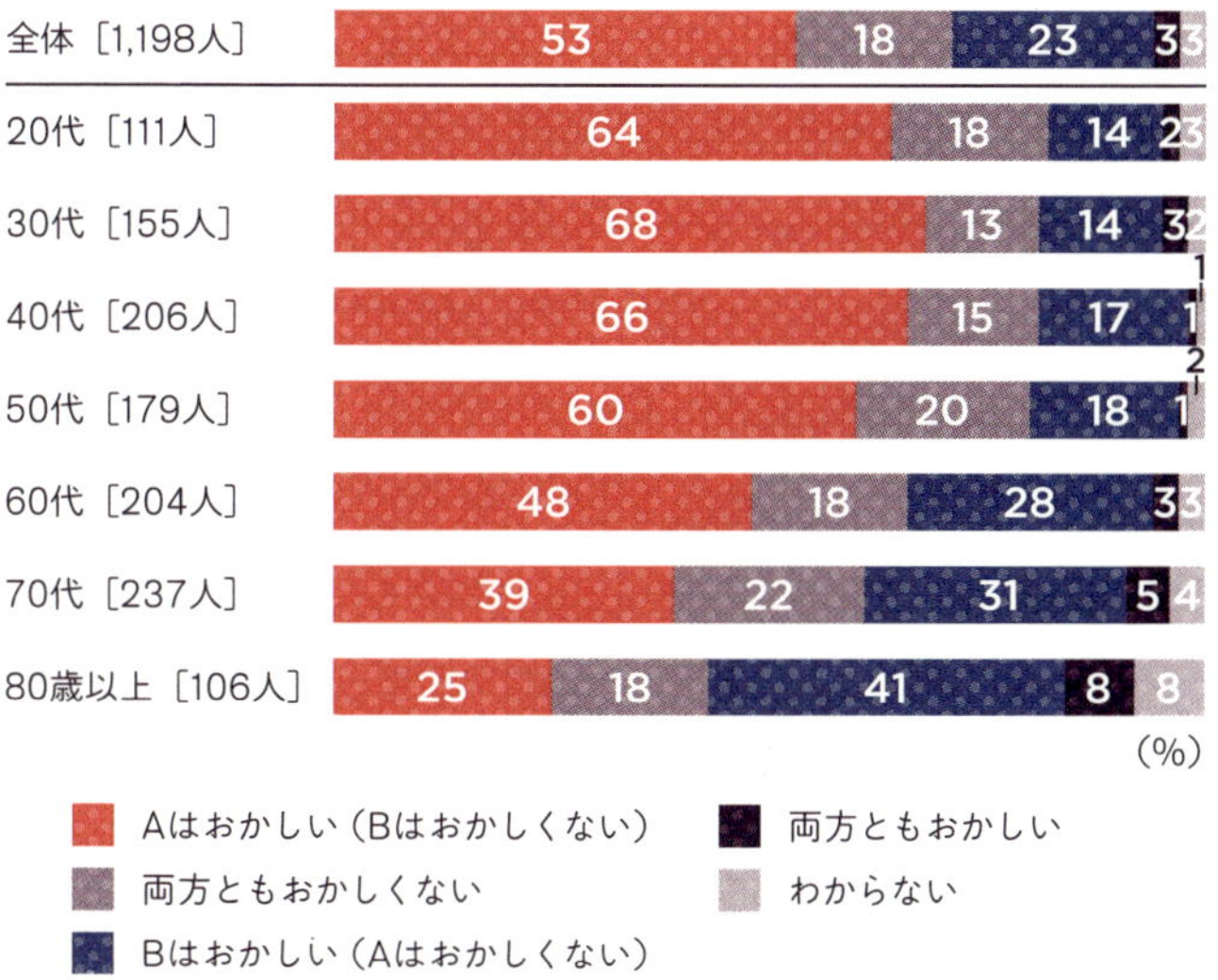
全体［1,198人］ 53 18 23 3 3
20代［111人］ 64 18 14 2 3
30代［155人］ 68 13 14 3 2
40代［206人］ 66 15 17 1 1
50代［179人］ 60 20 18 1 2
60代［204人］ 48 18 28 3 3
70代［237人］ 39 22 31 5 4
80歳以上［106人］ 25 18 41 8 8
（%）
Aはおかしい（Bはおかしくない）
両方ともおかしくない
Bはおかしい（Aはおかしくない）
両方ともおかしい
わからない

（2022年8月実施、全国1,198人回答［計画標本数4,000、有効回答率30.0%］）

全体では「A『取り崩す』はおかしい」が多く、「切り崩す」への支持が主流でした。年代別には、80歳以上では「B『切り崩す』はおかしい」が多いのですが、これより下の年代では「A『取り崩す』はおかしい」が最も多くなっています。

※p.22　NDL Ngram Viewer　https://lab.ndl.go.jp/ngramviewer/

03

「店を貸し切る」は、おかしい？

Q

「店を貸し切って、記念パーティーをおこなう」という言い方は、おかしいのでしょうか。

A

「貸し切る」ということばの本来の意味を考えると間違った言い方だとされてきましたが、現代では、俗な言い方であるという段階を過ぎて、もはや普通の言い方として位置づけてもかまわないくらいになっているように思います。

まず、「貸す」と「借りる」という動詞について考えてみましょう。「貸す」は、要するに、「自分の持ち物」が「ほかの誰かのところ」に渡って使われることを表します。物が自分から離れていくことから、「遠心的」と言うこともできます。

一方「借りる」は、物の移動の方向としては、「ほかの誰かの持ち物」が「自分のところ」に来るというのが典型的なものです。物が自分のほうに向かってくることから、「求心的」と言うことができます。

次に、「～切る」は「すべておこなってしまう」ということを表すことばです。例えば「食べ切る」「覚え切る」は、「すべて食べてしまう」「すべて覚えてしまう」という意味です。

そして、「貸す」に「～切る」が付くと「貸し切る」、「借りる」に「～切る」が付くと「借り切る」となります。「貸し切る」ということばは遠心的、「借り切る」ということばは求心的です。

さて、「店を貸し切って」という文に戻って考えてみましょう。これが、「店がお客さんたちに対して、店舗すべてを『貸す』」というような状況（遠心的）で発せられたのであれば、「店を貸し切って、記念パーティーをおこなう」と言ってもなんら差し支えありません。しかし、自分が客の立場なのであれば、「貸し切る」ではなく「店を借り切って、記念パーティーをおこなう」と（求心的に）言うべきだという意見は、まったくもっともな話です。

ところが、近年、「借り切る」という言い方自体がなぜかあまりなされなくなっているようです。そんな動詞は見聞きしたことがない、という方もいるかもしれません。ですが、やや古い小説などでは頻繁に用いられています。

それと入れ代りに、森成さんと雪鳥君と妻とが前後して東京から来てくれた。そうして裸連のいた部屋を借り切った。その次の部屋もまた借り切った。

（夏目漱石「思ひ出す事など」）

「貸し切って」？　「借り切って」？

A「貸し切って」会議をおこなう

B「借り切って」会議をおこなう

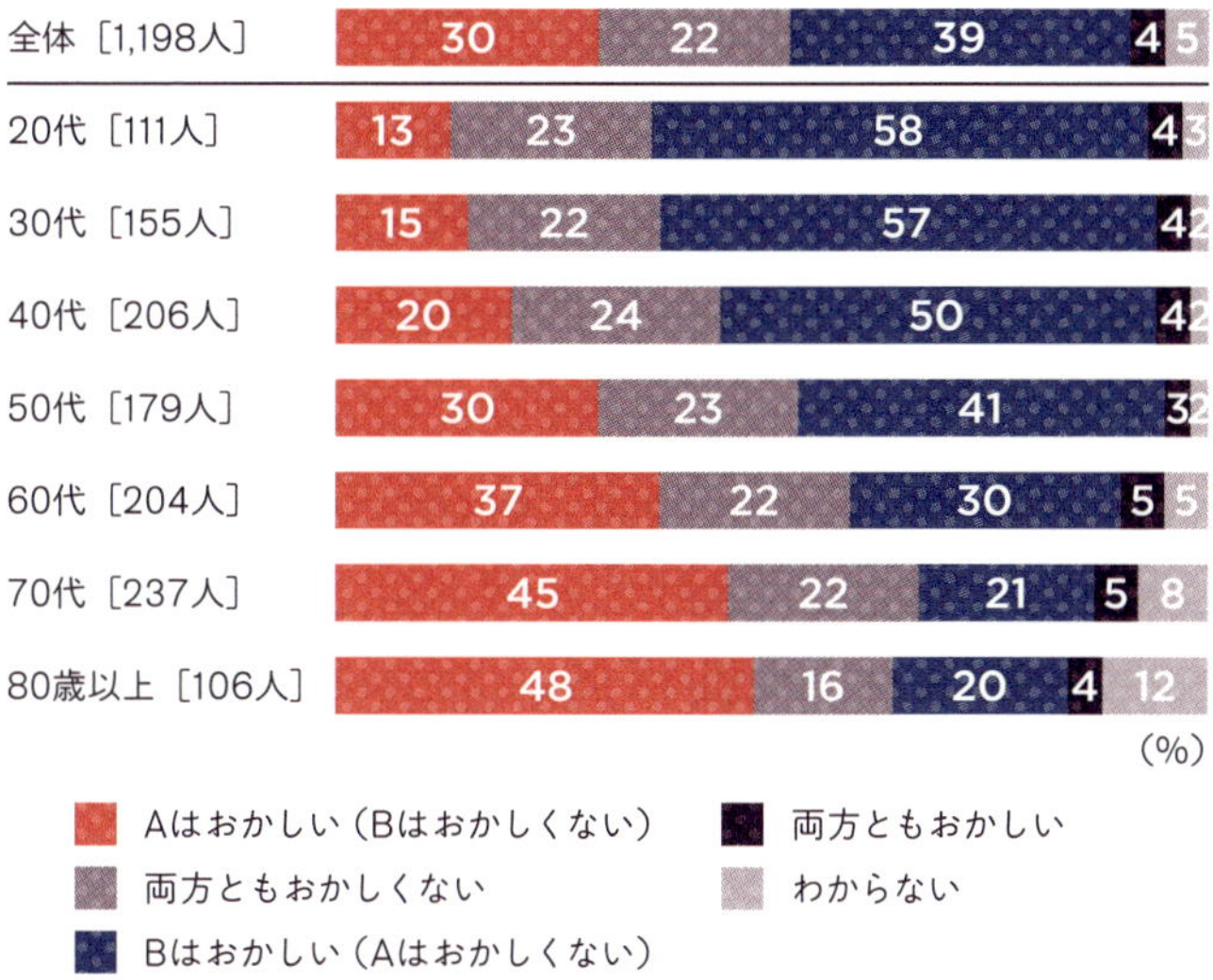
全体［1,198人］ 30 22 39 4 5
20代［111人］ 13 23 58 4 3
30代［155人］ 15 22 57 4 2
40代［206人］ 20 24 50 4 2
50代［179人］ 30 23 41 3 2
60代［204人］ 37 22 30 5 5
70代［237人］ 45 22 21 5 8
80歳以上［106人］ 48 16 20 4 12
（%）
Aはおかしい（Bはおかしくない）
両方ともおかしくない
Bはおかしい（Aはおかしくない）
両方ともおかしい
わからない

（2022年8月実施、全国1,198人回答［計画標本数4,000、有効回答率30.0%］）

若い年代になるほど、「B〔＝借り切って〕はおかしい（A〔＝貸し切って〕はおかしくない）」という回答の占める割合が大きくなっていました。「借り切って」という言い方が一般的ではなくなりつつあるようすが確認されます。

へえ、毎年神戸の西洋人の夫婦の人が、子達をつれて来られます、いつも此の二階を全部借り切って、十日ほど滞在されますと云う。

（谷崎潤一郎「旅のいろいろ」）

「借り切る・貸し切る」について実際に調査をした結果、「借り切る」という言い方は、現状では、特に若い年代においてあまり支持されていない傾向が確認されました。

今回の調査結果を見ると、こういう場面での「貸し切って」ももはや問題ないと言い切ってよいだろうと、このたび思い切って公開に踏み切ったものです。

04

「とんでもありません（とんでもございません）」という言い方は、とんでもない？

Q

「とんでもありません（とんでもございません）」という言い方は、おかしいのでしょうか。

A

「間違い」だという人と、「必ずしも間違いではない」という人がいます。少なくとも、単純に「誤用」として言い切ってしまえるようなものではないことは、確かだと思います。

これは、とても複雑な問題です。文法に関心のある方だけお読みください、とでも言いたくなるところですが、がんばって解説してみます。「…ない」を「ありません（ございません）」に置き換えることができるかどうか、というところに注意して読み進めてください。

まず、「間違い」だとする立場について説明します。

「とんでもない」は一語の形容詞なのですが、同じく一語の形容詞である「せつない」「あぶない」などを「せつありません（せつございません）」「あぶありません（あぶございません）」とは言えないのと同じように、「とんでもありません（とんでもございません）」も文法的におかしいものなのだ（「とんでもないことです（とんでもないことでございます）」などと言うべきだ）、という考え方です。

ですが、この論法はいささか乱暴であるように感じられます。

「一語の形容詞」であると認定されているのは、あくまで、「（その語は）現代語では一語として扱ったほうが、文法解釈上、都合がいい」からそのようになっているだけのことで、それぞれの語源や語構成は考慮されていません。

たとえば、「申し訳ない」ということばは、多くの辞書で一語の形容詞として認定されています。

それでは、「申し訳ありません（申し訳ございません）」というのは「誤用」にあたるのでしょうか。ふつうはそうは考えませんよね（先日、「申し訳ありません」が誤用であると記した本があるのを目にして少々びっくりしましたが）。

これは、「申し訳ない」が現代語としては一語の形容詞でありながら、「申し訳［名詞］（＋が）＋ない［否定・非存在の意］」という語構成でとらえてもじゅうぶん解釈ができる（意味が大きくは変わらない）もので、この場合「ない」を「ありません（ございません）」に置き換えることが可能だからです。

このほか、現代語では一語の形容詞として認定されている「差し支えない」「しかたない」「違いない」「何でもない」なども、同じように置き換えることができます（なお、「せつない」「あぶない」などの「…ない」は、「否定・非存在」を表す「…ない」とはまったく別のものです）。

ただし、同じような背景のことばでも、この考え方に当てはまらないものもあります。同じく一語の形容詞である「情けない」「もったいない」「ろくでもない」などは、語源としては「情け［名詞］（＋が）＋ない」「勿体《もったい》［名詞］（＋が）＋ない」「碌《ろく》［名詞］＋で＋も＋ない」なのですが、現代語としては、この個々の要素の意味を足し合わせても、「情けない」「もったいない」「ろくでもない」などの語全体の意味にはなかなかたどりつけないでしょう。

そのため、（人にもよりますが）「情けありません（情けございません）」「もったいありません（もったいございません）」「ろくでもありません（ろくでもございません）」という言いかえは、成立しにくいのです。「情けない」「もったいない」「ろくでもない」は、それぞれ「一語としての完成度」が、あまりにも高いからです。

ここで「とんでもない」の語源についてですが、これには諸説あってはっきりしたことはわかっていないものの、「…ない」の部分が何らかの「否定」を表していることは間違いないようです。つまり、「ない［否定・非存在の意］」を「ありません（ございません）」に置き換える候補には該当します。

ですが、これを「とん＋で＋も＋ない」のように分解して考えてみても、現代語としては全体の意味がわかりません（また「とん」が何なのかも最終的には決着がついていません（「途《と》（＝物事の道理）」あるいは「途方」「途轍《てつ》」が変化したという説、副詞「と」に由来するという説など））。そのため、さきほどの「ろくでもありません（ろくでもございません）」が一般的ではないのと同じように「とんでもありません（とんでもございません）」もよくない、という考えにつながりうるのです。

一方、文化庁の示した「敬語の指針」（文化審議会答申、平成19年）では「とんでもございません」を認める立場を示していて、『とんでもございません』（『とんでもありません』）は、相手からの褒めや賞賛などを軽く打ち消すときの表現であり、現在では、こうした状況で使うことは問題がないと考えられる」と書かれているのです。

さて、ずいぶん長くなってしまいましたが、調査をおこなった結果を記します。2種類の使用場面について尋ねてみました。

まず、「未成年がお酒を飲むなんて、…」のように、一般的に許されない行動について言うような場面では、「とんでもありません」「とんでもございません」という言い方に対しては違和感がある程度大きく（それぞれ31％と53％）、「とんでもないことです」については小さくなっていました（20％）。

それに対して、「ほんとうにありがとうございます」という相手からのお礼のことばを儀礼的に打ち消すような場面では、「とんでもありません」「とんでもございません」への違和感は小さい（それぞれ19％と20％）のに対して、「とんでもないことです」ではかなり大きい（47％）ことがわかりました。

つまり、このような場面（＝儀礼的な打ち消しの用法）では、「とんでもありません」「とんでもございません」が現実にかなり広く受け入れられていると言えます。一方、「正しい」とされている「とんでもないことです」は、この場面では必ずしも評判がよくありません。

以上、ほかでもない読者のみなさんに向けて必死に書いたのですが、言うまでもない内容だったでしょうか。

とんでもない？
「おかしい」と思うものをいくつでもお答えください

■「未成年がお酒を飲むなんて、」
の後に続く言い方としてはおかしい

■「ほんとうにありがとうございます」
に対する返事としてはおかしい

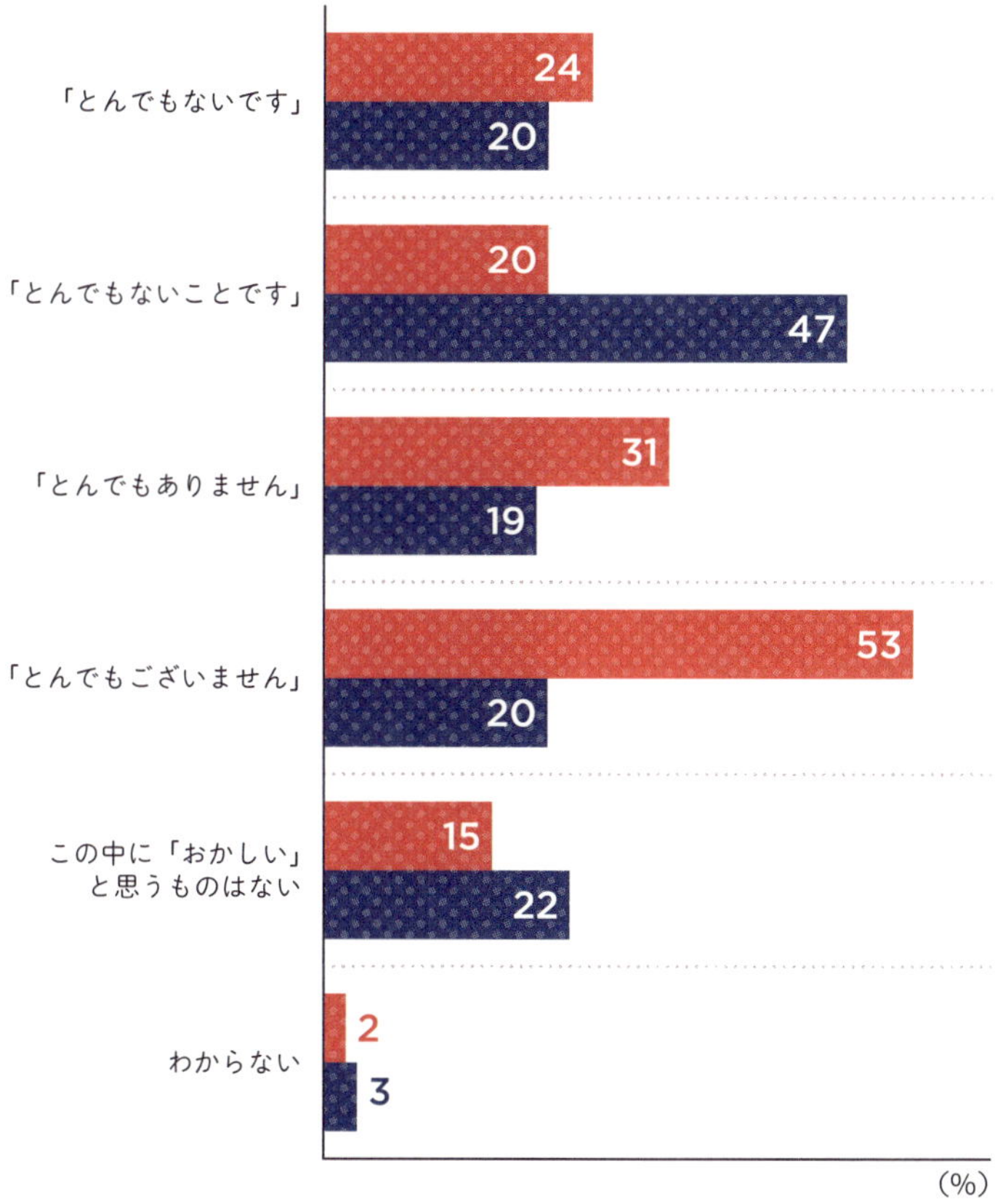

（2022年2月実施、全国1,195人回答［計画標本数4,000、有効回答率29.9%］）

05

「違和感を感じる」？

Q

「違和感を感じる」という言い方は、おかしいのでしょうか。

A

「どんな場合であろうと、おかしい」と考えるのは、やや行き過ぎであるように思います。調査の結果では、この言い方は「間違った言い方だとは思わない」という人が全体の3分の2程度を占めています。

この「違和感を感じる」が「おかしい」と言われることがあるのは、「感」という字が2回出てきている〔＝重複表現〕からです。そのため、「違和感を覚える」「違和感を抱く」あるいは「違和感を感じる」と言うべきだという意見があります。

ただし、「重複表現」に該当するという理由だけをもってすべて「おかしい」と考えるのは、必ずしもおだやかではありません。「歌を歌う・踊りを踊る・掛け声を掛ける・犯罪を犯す・たばこの火が引火する・○○賞を受賞する」や、「旅行に行く・相手の立場に立って考える・期待して待つ・前の車との車間距離・被害を被《こうむ》る」などは、「おかしい」と感じる人はそれほど多くないように思いますが、いかがでしょうか。

その一方で、「頭痛が痛い・馬から落馬する・日本に来日する・食事を食べる」などのように、おそらく多くの人が「おかしい」と感じるような重複表現もたくさんあります。

重複表現における「おかしくない」と「おかしい」の「境目」の一つの目安として、ある「字」が重複して使われていたり、あるいは意味の上で相互に重なるところのある「語」が複数用いられていたりする場合に、その重複する部分のそれぞれが、ほんとうに「同じもの・同じこと」を指しているのかどうかという観点があるのではないかと考えています。

たとえば、「旅行に行く」は確かに「行」という字が重複していますが、「旅行」という語の「行」の字に対して、聞いた瞬間、あるいは見た瞬間に「行く」という意味を毎回感じるでしょうか。「旅行」ということばの語源には「行く」の意味がおそらく含まれているものの、現代語で使う場面では、「行く」の意味をそれほど強くは意識しないと思います。

また、「旅行に行く」ではなく「旅に行く」あるいは「旅行をする」と言うこともちろんできますが、それぞれの表現は、いずれもやや違うニュアンスを帯びているように感じます。つまり、「旅行に行く」としか表現しようのない場合も、あると考えます。

一方、たとえば「頭痛が痛い」は、「頭痛」の「痛」の字はまさしく「痛い」ということを表すもので、現代でもその意識は強いと思います。

また、これを「頭が痛い」あるいは「頭痛がする」と言いかえても、ほとんどニュアンスは変わらないのではないでしょうか。そのため、「頭痛が痛い」は「重複表現」であり一般的には「おかしい」言い方だ、ということにつながるのだと思います。

なお、「筋肉痛が痛い」などは「頭痛が痛い」よりもやや受け入れられやすいように感じるのですが、それは、「筋肉が痛い」あるいは「筋肉痛がする」だと少々ニュアンスが変わってきてしまうからではないかと考えています（このあたりの考え方は、今後の課題です）。

さて、ここでやっと「違和感を感じる」ですが、「ある印象（＝「感」）」を「知る・判断する（＝感じる）」わけですから、字として「感」が重出しているとは言っても、意味の上で完全に重なってしまっているというわけでもないように思います。

ただしこの場合、「感」という字が重出していることに加えて、「かん」という読み方も同じ（重複している）なので、「おかしい」と感じる人も少なくないのだと思います。それでも、たとえば「責任感を感じる」などだと、これは「責任を感じる」や「責任感を覚える」とはかなり違うニュアンスを受けるのではないでしょうか。

人によって感じ方が異なるグレーゾーン的な例であることを意識したうえで、場面によっては、「違和感を覚える」「違和感を抱く」のように言いかえたほうがよいときもあるでしょうし、その一方で、「違和感を感じる」という言い方をそれほど強く否定しなくてもよいのではないでしょうか。今回はまじめなまま終わることができそうで、満足感を感じます。

違和感……？
「【違和感を感じる】は【感】が2つあるから間違った言い方だ」という指摘は……

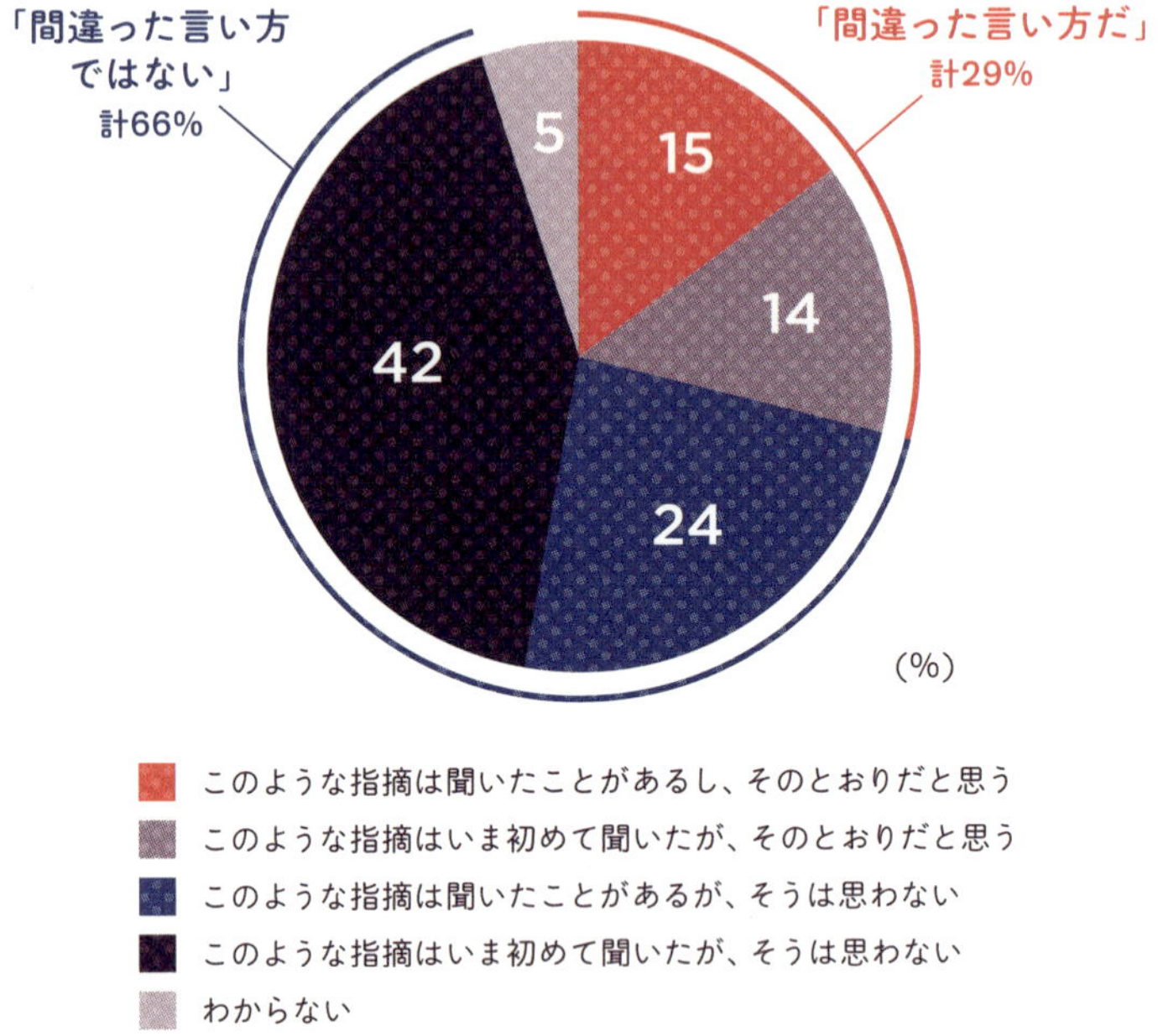

「間違った言い方ではない」
計66%
「間違った言い方だ」
計29%
15
14
24
42
5
(%)
このような指摘は聞いたことがあるし、そのとおりだと思う
このような指摘はいま初めて聞いたが、そのとおりだと思う
このような指摘は聞いたことがあるが、そうは思わない
このような指摘はいま初めて聞いたが、そうは思わない
わからない

（2023年4月実施、全国1,187人回答［計画標本数4,000、有効回答率29.7%］）

「間違った言い方ではない」が、全体の3分の2程度です。ある言い方にそれこそ「違和感を感じる」人が、「自分ではそうは言わないようにする」のと、「ほかの人のことばづかいをやさしく受けとめる」ことは、両立できるものと思います。

06

負けず嫌い？

Q

「負けず嫌い」という言い方はおかしいのではないか、と指摘されました。

A

「負けない」ことが「嫌い」なのだとすれば、「勝つのが嫌い、負けるのが好き」という意味になるのではないか、という解釈によるものでしょう。しかし「負けず嫌い」は、「負けるのが嫌い」ということを表すのに使われる一般的な表現として、現在では認められています。

「負けず嫌い」という言い方が生まれたのには、さまざまな説があります。明治時代には、「負け嫌い」という言い方がされていました。「負けるのが嫌い」という意味なので、まさに本来の表現だと言えます。これと並んで、「負ける嫌い」というものもありました。また、これとは別に「負けず魂／負けじ魂（他人に負けまいとがんばる気持ち）」ということばもありました。この「負けず魂」と「負ける嫌い」とが合わさったものが、「負けず嫌い」なのではないでしょうか（必ずしも定説ではありませんが）。

「負けず嫌い」は確かに理屈に合わない言い方かもしれませんが、現在ほとんどの辞書に載っている表現であり、これを「間違っている」と決めつけるのは不適切でしょう。

なお「食わず嫌い」ということばは、「食べてみないのに嫌い」という意味ですから、まったく問題ありません。

07

「おいてきぼり」？「おいてけぼり」？

Q

「おいてきぼり」と「おいてけぼり」、どちらを使ったらよいのでしょうか。

A

ふつうの話しことばでは、どちらを使っても差し支えありません。現代では、どちらかというと「おいてけぼり」を使う人のほうがやや多いようです。

まず、このことばの語源について説明します。かつて「おいてけ堀」という池が江戸本所（現在は東京都墨田区）にあり、ここで釣りをすると水中から「置いてけ、置いてけ」という声がしてきて、魚を全部返すまでやまなかったという話が伝えられています（『日本国語大辞典（第二版）』）。この池の名（つまり「固有名詞」）「おいてけぼり」が、その後「おきざりにされる」という現代よく用いられる用法で使われるようになったものです。

つまり、「おいてけぼり」のほうが最初にあった形です。のちになって、「おいてきぼり」という言い方も出てきたのです。

その後、伝統的な「おいてけぼり」よりも、あとから生まれた「おいてきぼり」のほうが主流になってきたものと考えられました。１９５１（昭和26）年のＮＨＫのアクセント辞典では「①オイテキボリ、②オイテケボリ」と示されていたのですが、１９６５（昭和40）年の放送用語委員会で「○オイテキボリ、×オイテケボリ〔ただし地名は「オイテケボリ」〕」というように規定が変更されたのです。

さて、現代ではどうなっているでしょうか。ウェブ上で尋ねてみたところ、意外なことに、「おいてけぼり」のほうが若い人を中心に支持されていることがわかりました。50年以上前の「〇オイテキボリ、×オイテケボリ」という規定は、もう古いものかもしれません。

そもそも、「おいてきぼり」という形が新たに生まれてきたのは、「複合語の中に動詞を用いるときには、連用形が基本」という傾向によるものです。

どういうことかと言うと、たとえば「飲み放題」「触り心地」「寝正月」という複合語での「飲み・触り・寝（ね）」は、「飲む・触る・寝る」という動詞の連用形です。

一方「おいてけぼり」の「置いてけ」は、「置いて行く」の命令形で、複合語の一要素としては例外的なものです。「振り込め詐欺」のように命令形が複合語中に用いられた例もありますが、こうした例はきわめてまれです。

「置いて行く」の連用形は「置いて行き（→置いてき）」であり、こちらのほうが複合語中の形としてすわりがいいと感じられたことで「おいてきぼり」という形が生まれたのでしょう。

「【おいてきぼり／おいてけぼり】をくらう」

自分で言うのは……？

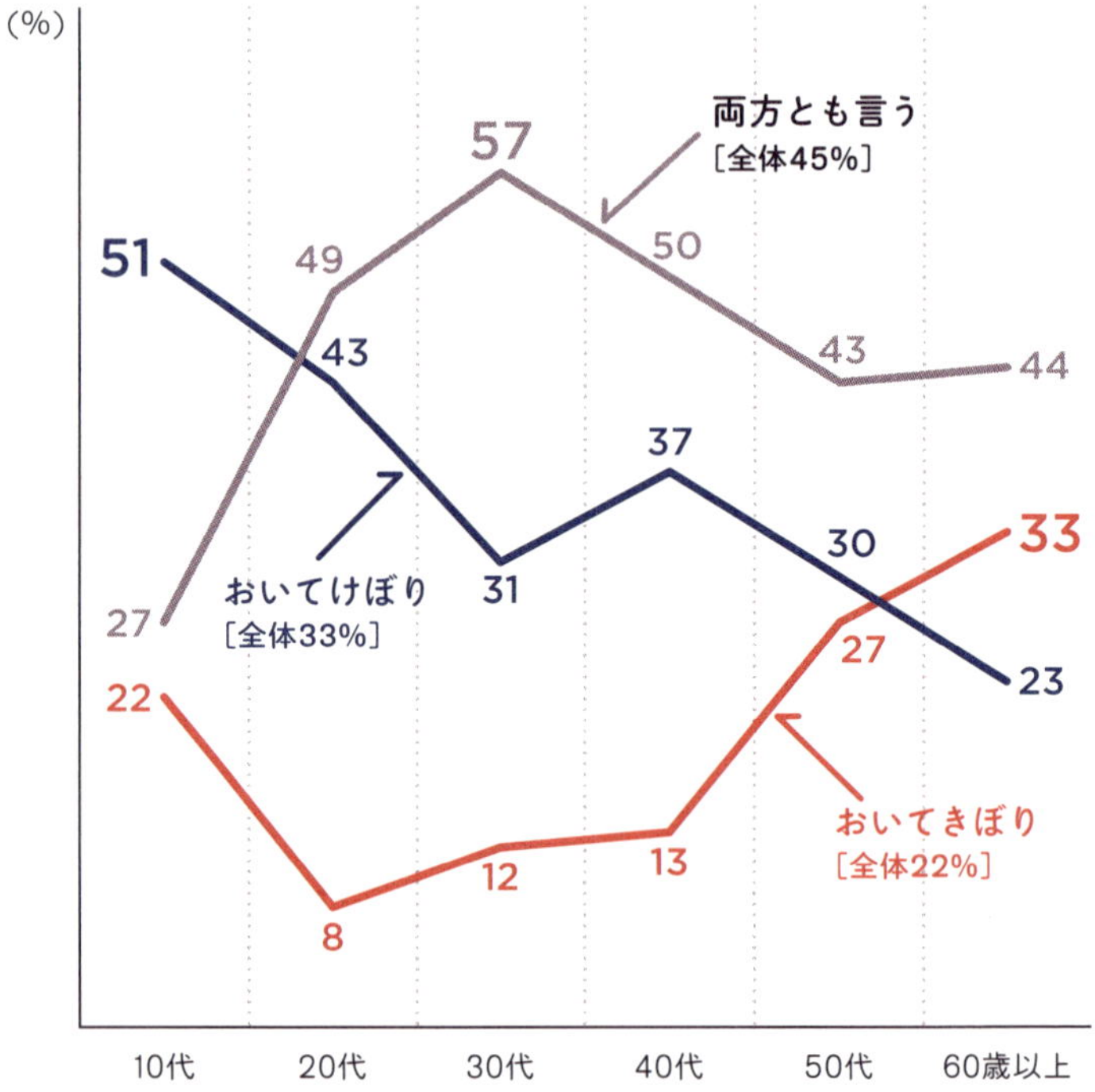

（2017年10月～11月実施、NHK放送文化研究所ウェブアンケート、400人回答）

2時間目

生活

敬語とともに生きてゆく

08

「おそろいになりましたでしょうか」?

Q

「ご注文の品はおそろいになりましたでしょうか」という言い方は、おかしいのでしょうか。

A

「おそろいになりましたでしょうか」という文自体は、別に間違っていません。ですが、これを「ご注文の品は…」という文脈で使うと、違和感を覚える人が少なくありません。

「おそろいになる」は、動詞「そろう」を「お〜になる」で挟んだ形で、全体として動作の主体を高める尊敬表現になっています。「みなさん、おそろいになりましたか」という言い方は、動作の主体である「みなさん」を高めているので、何も問題はありません。

一方、「ご注文の品はおそろいになりましたでしょうか」はどうでしょうか。店の側から提供する「ご注文の品」というものを高めた言い方になってしまっていますね。

また、「〜になる」のない形で「ご注文の品はおそろいでしょうか」という言い方もありますが、これについても「いい」という人と「だめだ」という人がいます。「そろうこと」を「おそろい」と表現するのは美化語だと言えますが、「ご注文の品」が「そろっている」のは店が意識的に「そろえた」からなのであって、こうしたことに美化語を使うのはよくないと考える立場もあるからです。

たとえば「ご注文の品はそろっておりますでしょうか」という言い方であれば、まず問題ありません。これは、「〜ておる」という謙譲表現を用いて、店側の「そろえる」という動作を低めた言い方です。謙譲語ではおおげさすぎるというのであれば、「ご注文の品はそろいましたでしょうか」でもかまわないかもしれません。

なお、「そろっておりますでしょうか」あるいは「そろいましたでしょうか」でもダメだと言う人もいます。これは、一文の中に「ます」と「です(→でしょう)」の両方があるからだというとらえ方です。ぼくは、「そろっていますですか」「そろっていましたですか」はちょっとおすすめはできないものの、この「…ますでしょうか」「…ましたでしょうか」などは別に問題にならないと考える立場です。

さて、そもそもこのようなことばづかいは、ファミリーレストランなどの従業員が「注文された品をきちんと確認しなさい」と指導されるようになってから耳にしはじめたもので、むかしはいちいち確認の声掛けをしたりはしなかったものと思います。ぼくも「原稿はそろいましたか」と確認されないのをいいことに、いつも締め切りを過ぎてしまいがちです。

「ご注文の品はおそろいになりましたでしょうか」

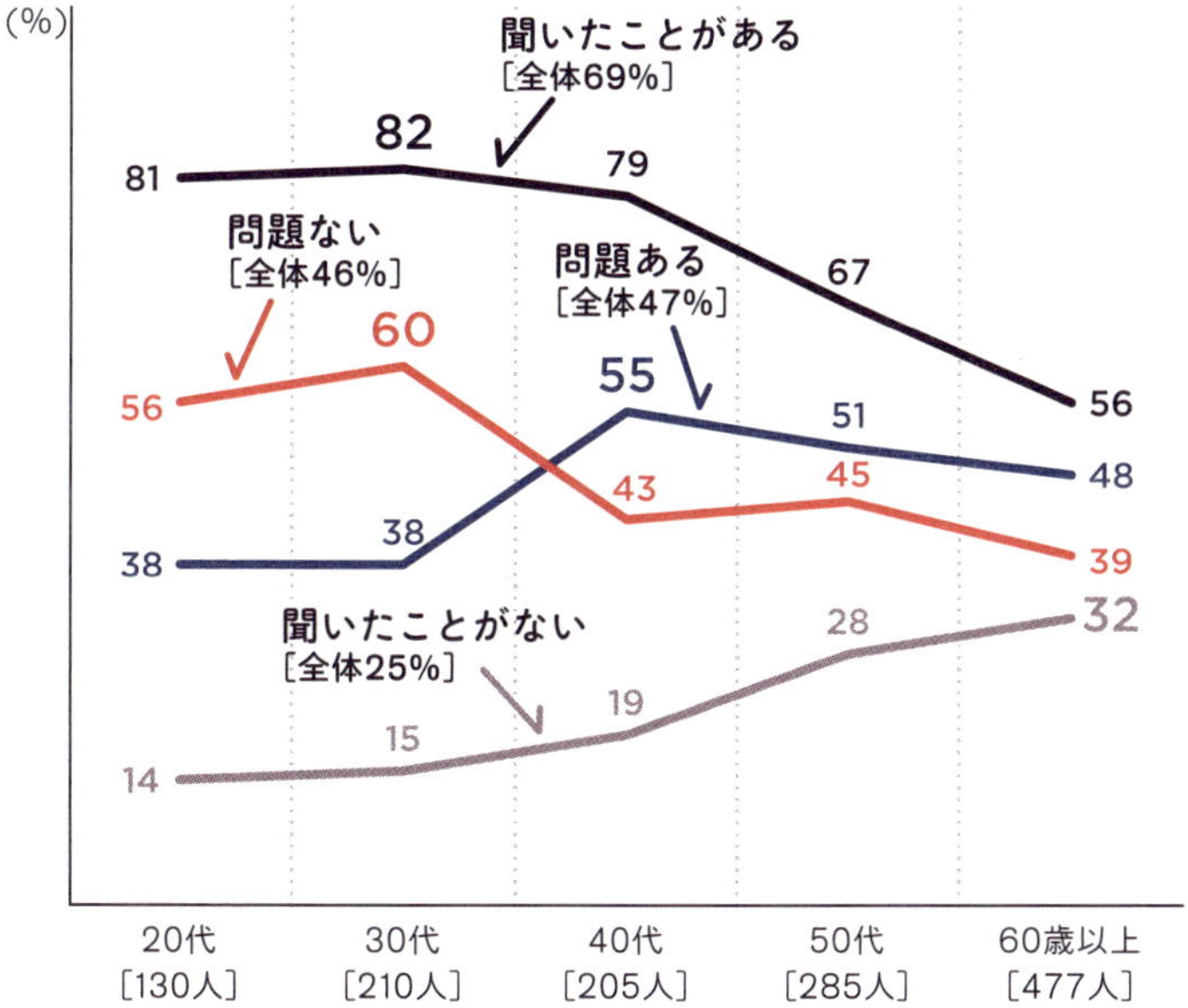

（2007年3月実施、全国1,307人回答［計画標本数2,000、有効回答率65.4%］）

若い人になるほど「聞いたことがある」という人が多く、また「問題ない」と考える人もおおむね多くなっていました。加えて地域差も見られ、関西および中国・四国では、この言い方を「問題がある」と考える人が多くあらわれました。

「教えてくださり」?「教えていただき」?

Q

「教えてくださりありがとうございます」と、「教えていただきありがとうございます」とは、どちらが正しいのでしょうか。

A

「お教えくださり〜/お教えいただき〜」という形で尋ねた調査の結果では、どちらかといえば「お教えいただき〜」のほうがよく使われており、「お教えくださり〜」という言い方は自分ではしないという意見が、やや多くなっています。ですが、両方とも正しい言い方です。

「教えてくださり〜」のほうは、「あなたが私に教えてくださりありがとうございます」という形で、「相手」の行為に直接感謝を述べています。

それに対して「教えていただき〜」は、「私があなたに教えていただき、（この状況は）ありがたいものです」という形で、「私」が受けた恩恵に対する感謝の念を間接的に相手に伝えていることになります。

ただし、「教えていただき〜」のほうはおかしな表現だと考える人もいます。それはどういうことでしょうか。

「くださる」は「くれる」を敬語（尊敬語）の形にしたものなので、たとえば友達に対しては次のように言うことができます。

「教えてくださりありがとうございます。」
　　　　⇓
○「教えてくれてありがとう。」

一方「いただく」（謙譲語）に対応する「もらう」では、同じように言いかえることはできません。

「教えていただきありがとうございます。」

×「教えてもらってありがとう。」

このように、もともと「教えてもらって〜」とはふつうは言わないのだから「教えていただき〜」も変なのだ、というのがその根拠になっています。

確かに理屈の上ではそうかもしれないのですが、文化庁が示した「敬語の指針」でも、「〜いただき」のほうを不適切だと感じる人はいるものの「〜くださり」「〜いただき」の両方とも適切な表現であると示されているのです。

ここまでお付き合いくださり、ありがとうございました。

お教え【くださり／いただき】ありがとうございます

何かを教えてもらったことに対する返事のメール文として、あなたはどちらの表現を使いますか？

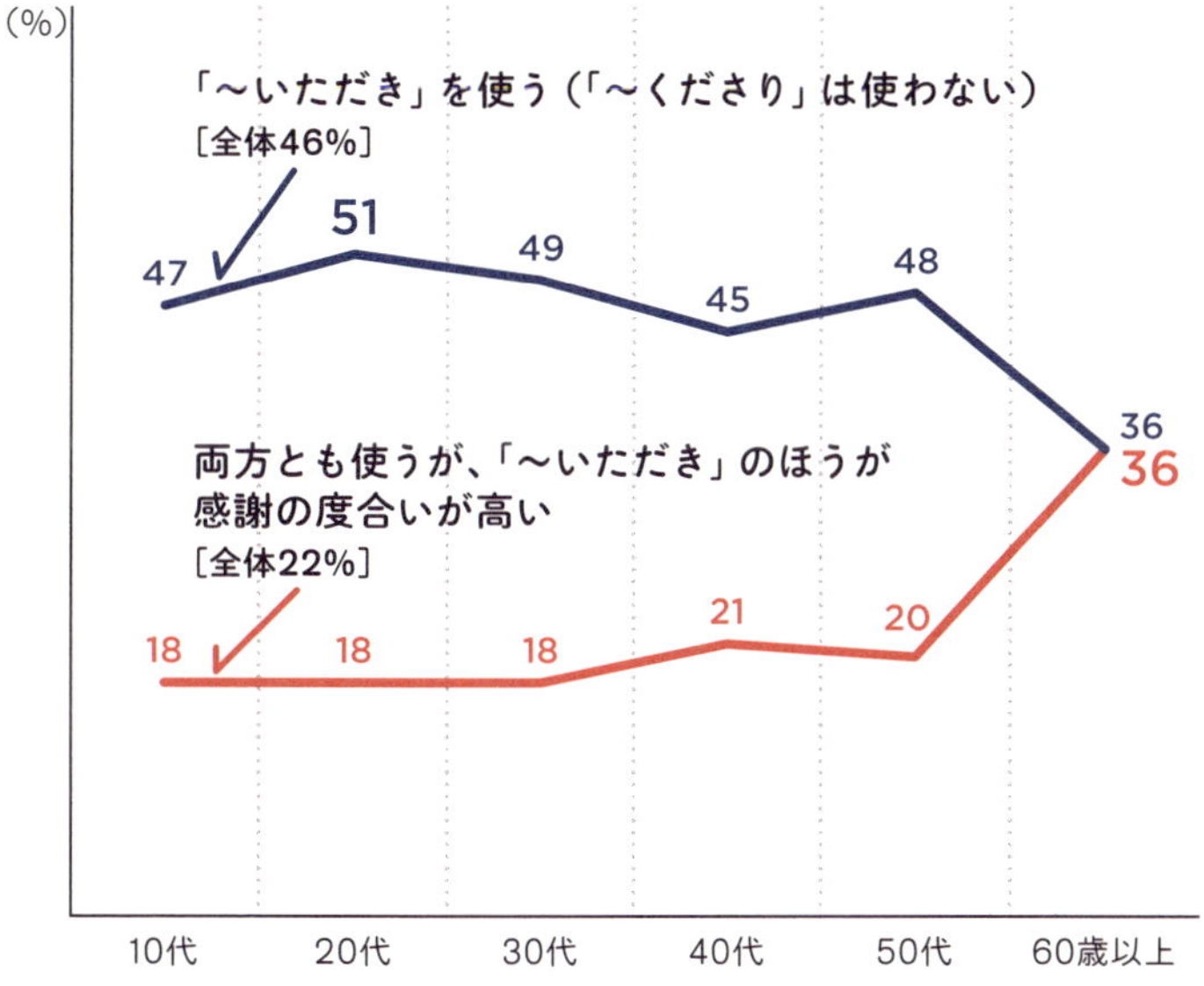

（2010年12月～2011年1月実施、NHK放送文化研究所ウェブアンケート、512人回答）

60歳以上では、〔両方とも使うが、「～いただき」のほうが感謝の度合いが高い〕という回答もやや多いものの、全体としては〔「～いただき」を使う（「～くださり」は使わない）〕という回答がいちばん多くなっています。

10

「〜してあげる」？

Q

料理番組の先生が「お肉にたれをよくもみこんであげます」と言っていましたが、どこかおかしな感じがします。

A

おそらく、このような言い方はこれからじわじわと増えていくような気がします。ですが、現時点では違和感を覚える人のほうが多いようです。

ふつう、「〜してあげる」と言う場合には、その動作によって〈恩恵〉を受ける人（あるいは動物・植物）が存在することが前提になっています。

「教えてあげます。」←聞き手が〈恩恵〉を受ける

「（Aさんに）教えてあげなよ。」←Aさんが〈恩恵〉を受ける

では、「お肉にたれをよくもみこんであげます」の場合に〈恩恵〉を受けるのは、だれでしょうか。選択肢としては、「聞き手（＝視聴者）」か、「お肉」か、あるいは「できあがった料理を食べる人」のいずれかだと思います。

まず「聞き手」は、この場合はありえません。「私があなた（聞き手）のために、たれをよくもみこんであげます」ということを言おうとしているわけではないからです。

次に「お肉」については、たれをもみこまれるのは「お肉」自身にとって〈恩恵〉でもなんでもありません（むしろ迷惑かも）。ただ、「このあとお肉は食べられてしまうのだから、少しでもおいしくなって食べられてほしい」という（やさしい）気持ちが込められていると考えれば、成り立つのかもしれません。

最後に「できあがった料理を食べる人」については、確かにありうるかもしれないのです

が（食べる人のために、たれをよくもみこんであげるということ）、たとえば自分で作って自分で食べるようなこともあるのを考えると、この場合には「一人で〔恩恵〕をやりとりする」ということ、変なことになってしまいます。つまり、「だれが〔恩恵〕を受けるのかがはっきりしない」ところが、この言い方への違和感につながっているのです。

一方で「〜してやる」という言い方の場合には、よく似た用法はかなり昔からあります。たとえば電子計算機に関する論文に、

「（この装置に）観測値を代入してやれば、極めて複雑な計算式の最終結果だけが短時間の内に得られることとなった。」（『生産研究』1952（昭和27）年4月）

という表現があるのをたまたま見つけました。このような「〜してやる」の使い方は、数学の世界ではかなり一般的であるようです。特定のだれかが〔恩恵〕を受けるということではなく、そうすることによって「答えが出る／状況が好転する」というところがクローズアップされた用法（＝「結果的に望ましい状態になる」）だと考えれば、「お肉にたれをよくもみこんであげます」と共通するものだと言えるのではないでしょうか。

ここまでの情報、参考にしてあげてください。

看護師が患者に
「ご自分で腕をよく【もんであげて】ください」は……

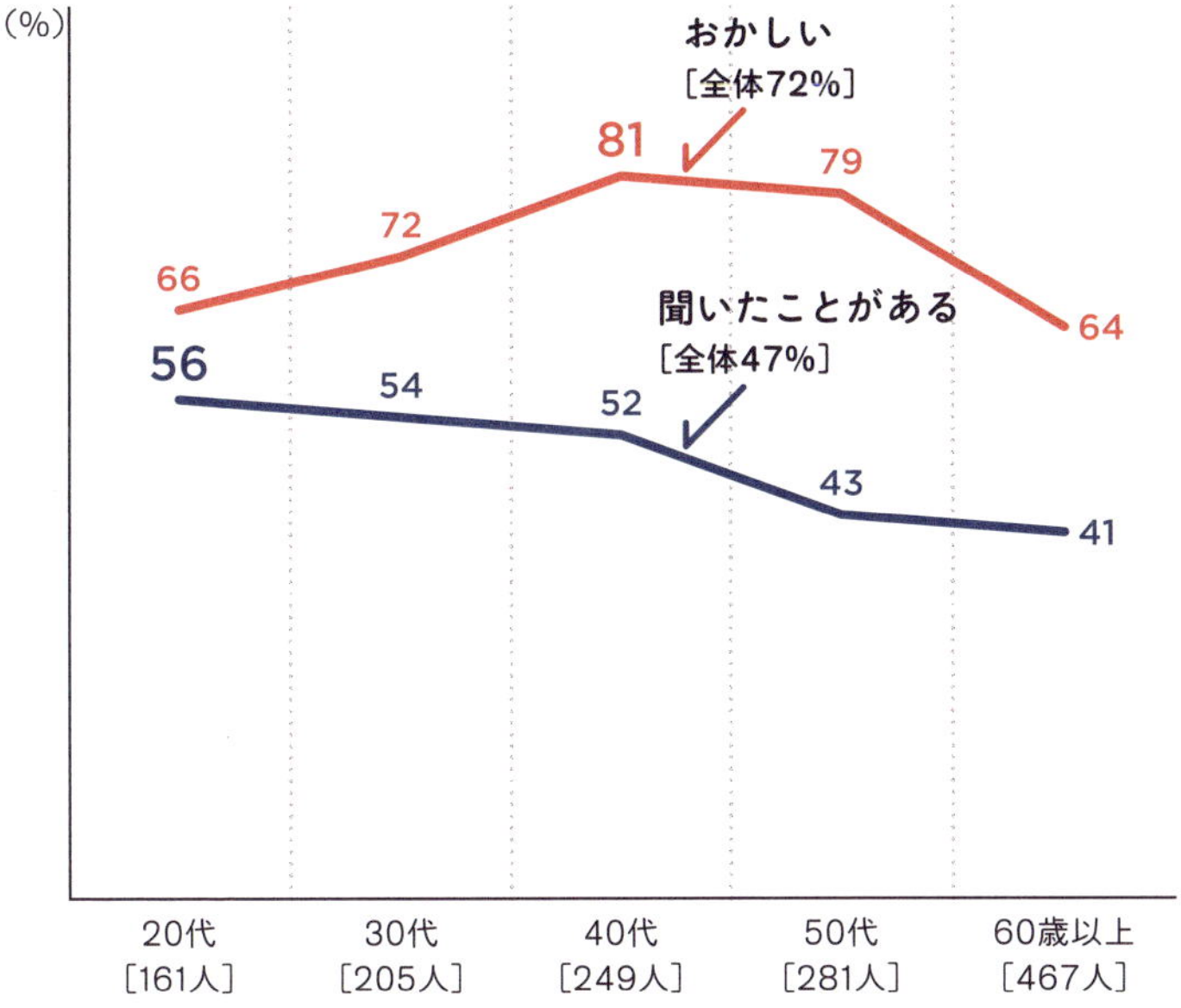

(1999年11月実施、全国1,363人回答[計画標本数2,000、有効回答率68.2%])

少し古い調査結果ですが、この当時の20代では、この言い方を「聞いたことがある」という人がやや多く、「おかしい」と感じる人が相対的に少ないようでした。この調査から20年以上たった現在は、どのような状況になっているでしょうか。

11

「丁寧に」？「ご丁寧に」？

Q

「ご丁寧に教えてくださり、ありがとうございます」は、嫌みな感じがする言い方なのでしょうか。

A

そう感じる人もいて、これはなかなか難しい問題です。場合によっては前後の文脈やイントネーションに気を使ったりするなど、決して「嫌み」と取られてしまわないような工夫が必要になってくることもあるかもしれません。

「丁寧」に「ご」を付けた「ご丁寧」は、相手の「丁寧なふるまい」に敬意を表す言い方です。そう考えると、「ご丁寧に教えてくださり、ありがとうございます」は、「相手」が私に教えてくれているふるまいに関して「ご丁寧に」という形で敬意を表しているのですから、問題はまったく無いように感じられます。

ところがここがまた難しいところで、「ご丁寧に」というのは、「ばか丁寧に」というニュアンスを帯びてしまうこともあることばなのです。

全国調査の結果では、『丁寧に』のほうが感じがいい（『ご丁寧に』は感じが悪い）」という回答が31％で、一方この逆の『ご丁寧に』のほうが感じがいい（『丁寧に』は感じが悪い）」という回答も31％と、どちらかが主流であるとも言えないような状況になりました。図1

また年代別には、おおむね、60歳以上の高齢層では「丁寧に」の支持率が高く、20代・30代では「ご丁寧に」が高いという概況になっています。図2 高齢層のほうが、「ご丁寧に」を「嫌み」だと感じてしまう傾向が相対的に強いというわけです。

丁寧さや敬意を表す「お」「ご」は、使いこなすのがなかなかやっかいなものです。たとえば「受験」のことを「お受験」と言うと、丁寧さや敬意以外のニュアンスも生じます。「来年、お子さんは『お受験』ですか？」という言い方に対しては、大学受験や高校受験ではなく、小学校受験や幼稚園受験に限定されるような印象を抱かないでしょうか。

ほかに、「題目」と「お題目」、「遊び」と「お遊び」、「役所」と「お役所」、「ニュー」と「おニュー」（「フランス」と「おフランス」？）、……などなど、似たような例がいくつもあります。

もし「いつもご丁寧な解説、楽しく読んでいます」という感想をいただけたら、ぼくはきわめて無邪気な性格なので、ことばどおりにありがたく受け止めます（↑自分に甘い）。

感じがいいのはどっち？

「【丁寧に／ご丁寧に】教えてくださり、ありがとうございます」

図1　（全体）

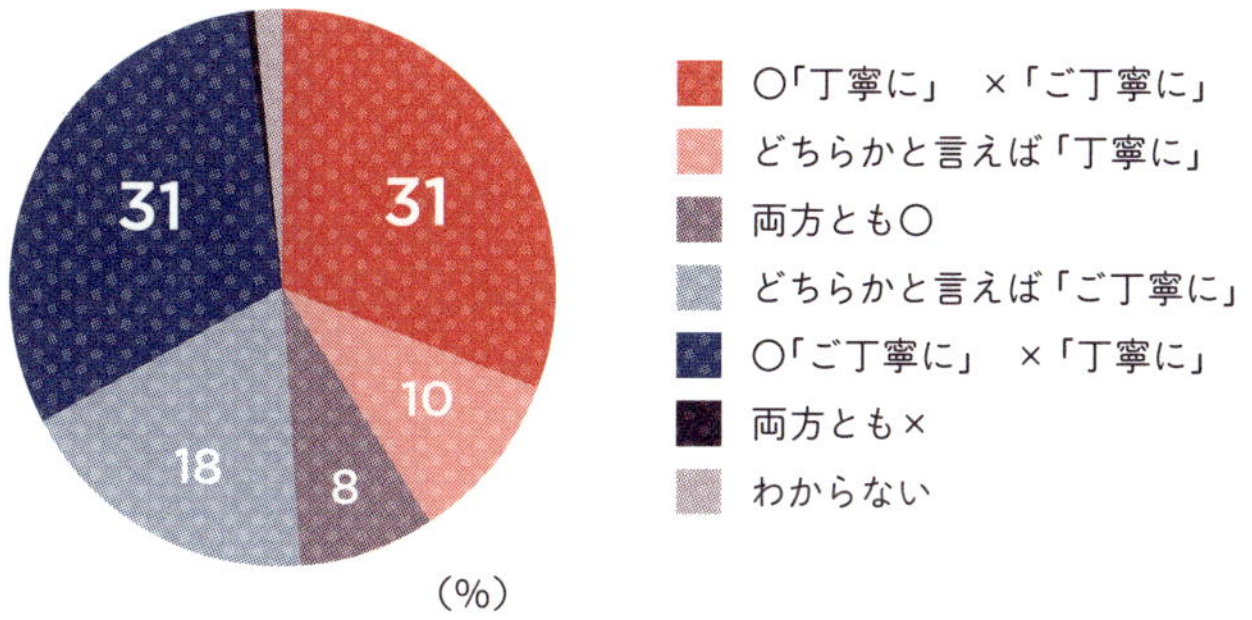

31
31
10
8
18
○「丁寧に」　×「ご丁寧に」
どちらかと言えば「丁寧に」
両方とも○
どちらかと言えば「ご丁寧に」
○「ご丁寧に」　×「丁寧に」
両方とも×
わからない
（%）

図2　（年代別）

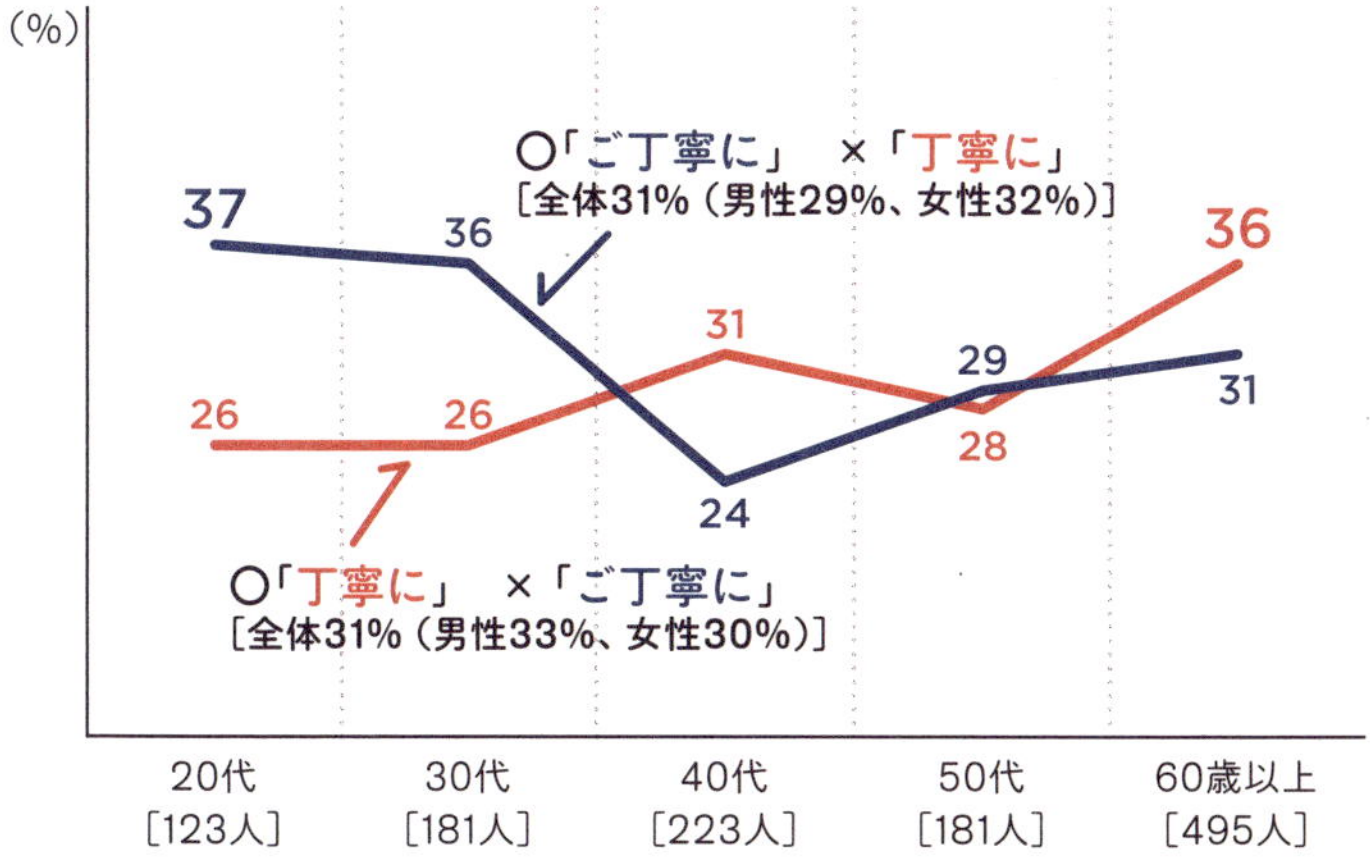

（%）
○「ご丁寧に」　×「丁寧に」
［全体31%（男性29%、女性32%）］
37
36
24
29
31
26
26
31
28
36
○「丁寧に」　×「ご丁寧に」
［全体31%（男性33%、女性30%）］
20代［123人］
30代［181人］
40代［223人］
50代［181人］
60歳以上［495人］

（2018年7月実施、全国1,203人回答［計画標本数3,982、有効回答率30.2%］）

12

「案内させていただきます」？「ご案内いたします」？

Q

「案内させていただきます」と「ご案内いたします」とでは、言い方としてどちらがよいのでしょうか。

A

「どちらか一方が絶対によい」というようなことは言えず、場合によります。全般的には、その行為が相手に「迷惑」をかけるおそれがあるときには「させていただきます」が選ばれる割合が高まり、「恩恵」を与える可能性があるときには「(お／ご)～(いた)します」が選ばれる割合が高まるといった、おおまかな傾向が見られるようです。

ややこしい話を始めますが、お許しください。

最初に「案内させていただきます」について考えてみると、ここでの「させる」は、「使役」というよりも「許可」（「私」が案内することを「あなた」が「放任する」「容認する」「邪魔をしない」といったニュアンスも含む）の意味で使われているととらえるのがよいように思います。

そして「いただく」は、「私」が何らかの利益・恩恵を得ること（＝「話し手の受益」）を表します。そして「話し手の受益」は、結果的に「聞き手に何らかの迷惑がかかる」場合もよくあるものです。※注（p.255）

一方「ご案内いたします」については、これに関連することとして、以前に「書類をお持ちします」と「書類を持って参ります」の違いを取り上げたことがあります（『変わる日本語、それでも変わらない日本語』p.162）。その際、【お持ちします】は、多くの場合には最終的にそのものが「聞き手（相手）」の所有物になったり、「聞き手（相手）」の利益につながったりすること（＝「聞き手の受益」）を表すと説明しました。

今回の「ご案内いたします」も、これと同じように「聞き手の受益」と考えて差し支えないと思います。

いったんまとめると、次のように言うことができそうです。

①「させていただきます」…話し手の受益（および聞き手への迷惑）と結びつく［「話し手がトクをする」という見解を示す］ことが多い

②「〔お／ご〕～（いた）します」…聞き手の受益と結びつく［「聞き手がトクをする」という見解を示す］ことがある

②は、①と比べると、相対的に聞き手の受益と結び付く場合がやや多いという程度にお考えください。たとえば「お邪魔いたします・ご請求します」のように、聞き手がトクをするわけではない例もたくさんあります。

次に、こうした言い方について調査をしてみた結果をご紹介します。

まず、グラフでいちばん上の〔応募〕は、話し手が自分の将来を良くする目的で応募するわけですから、「話し手の受益」が比較的大きいものとしてとらえられるでしょう（応募する人数が多くなればなるほど会社側の手間は増えるので、聞き手への迷惑とも結びついていると考えられます）。

真ん中の〔遠慮〕については、話し手は自分の都合・意志で「遠慮」するので、「遠慮」することが「話し手の受益」となるはずです。

そしていちばん下の〔案内〕は、案内することによって「自分（話し手）がトクをする」ことよりも、「相手（聞き手）がトクをする」側面のほうが大きいと考えられるでしょう。

調査の結果では、「話し手の受益（および聞き手への迷惑）」が大きいものは「させていただきます」が好まれ、反対に「聞き手の受益」が大きいものでは「〔お／ご〕〜（いた）します」が好まれるという傾向が確認されました。

ここまでご説明いたしましたが、どうでしょう、おトクな情報だったでしょうか。いや、わかりにくい文章で「迷惑」だったとしたら、「ここまで説明させていただきましたが」と言い直しておきます。

「させていただきます」
「【お／ご】～（いた）します」

A　貴社の求人に、応募させていただきます

B　貴社の求人に、ご応募いたします

（%）

50
16
7
9
15

A　私は、遠慮させていただきます

B　私は、ご遠慮いたします

42
17
9
12
18

A　それでは、案内させていただきます

B　それでは、ご案内いたします

21
14
11
21
32

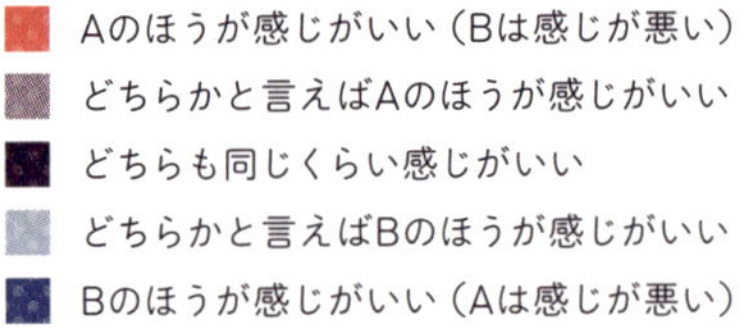
Aのほうが感じがいい（Bは感じが悪い）
どちらかと言えばAのほうが感じがいい
どちらも同じくらい感じがいい
どちらかと言えばBのほうが感じがいい
Bのほうが感じがいい（Aは感じが悪い）

（2018年12月実施、全国1,216人回答［計画標本数4,000、有効回答率30.4%］）

「させていただきます」のほうが感じがいい、の数値に着目すると、この3つの中ではいちばん「聞き手に迷惑」がかかる「貴社の求人に応募」が50%ともっとも多く、「聞き手に迷惑」がかからないと思われる「案内」が21%ともっとも少ないことが明らかになりました。

13

「ご利用いただけます」?「ご利用になれます」?

Q

「(夜間は西玄関が)ご利用いただけます」というのは、言い方としておかしいのでしょうか。「ご利用になれます」と言わなければならないのでしょうか。

A

どちらも問題のない言い方です。「ご利用になれます」は尊敬表現、「ご利用いただけます」は謙譲表現です。

それぞれの言い方について、文法的な成り立ちを説明してみます。まず「ご利用になれます」から見ていきましょう。

「利用する」〔元になる動詞〕

⇩

「ご利用になる」〔尊敬表現〕

⇩

「ご利用になれる」〔尊敬表現＋可能〕

⇩

「ご利用になれます」〔尊敬表現＋可能＋丁寧〕

次に、「ご利用いただけます」についてです。

「利用する」〔元になる動詞〕

⇩

「ご利用いただく」〔謙譲表現〕（詳しく言うと「謙譲語1」と呼ばれるものです）

⇩

「ご利用いただける」〔謙譲表現＋可能〕

⇩

「ご利用いただけます」〔謙譲表現＋可能＋丁寧〕

「ご利用になる」は、「（あなたが）利用する」という〔聞き手側の行為〕を高く位置づける尊敬表現です。

それに対して「ご利用いただく」は、「（私が、あなたに）利用してもらう」（それによって「私」

が何らかの恩恵を得る）という〔話し手側の行為〕を低く位置づける謙譲表現であるということになります。

では、「…になれます」と「…いただけます」では要するにどちらがふさわしい言い方なのかを考えてみると、これは前の部分のことばや状況、文脈によって異なってくるもので、一概には言えません。

「ご利用〜」について全国調査をおこなった結果では、「【ご利用いただけます】のほうが感じがいい」および「どちらかといえば【ご利用いただけます】のほうがより感じがいい」と答えた人が多くなりました。図1

ただし、ほかのことばのペア（「ご応募になれます」と「ご応募いただけます」、「ご覧になれます」と「ご覧いただけます」）について調べたところ、その占める割合は語ごとにかなり異なるということも明らかになりました。「ご応募〜」では「【…いただけます】のほうが感じがいい」が圧倒的ですが、「ご覧〜」ではそれほどでもありません。図2 図3

言い方のふさわしさに関しては、一語一語について、また場面ごとに考えていく必要がありそうです。ややこしい内容でしたが、ご理解いただけましたでしょうか。

図1 夜間は西玄関が

A　ご利用いただけます
B　ご利用になれます

(%)

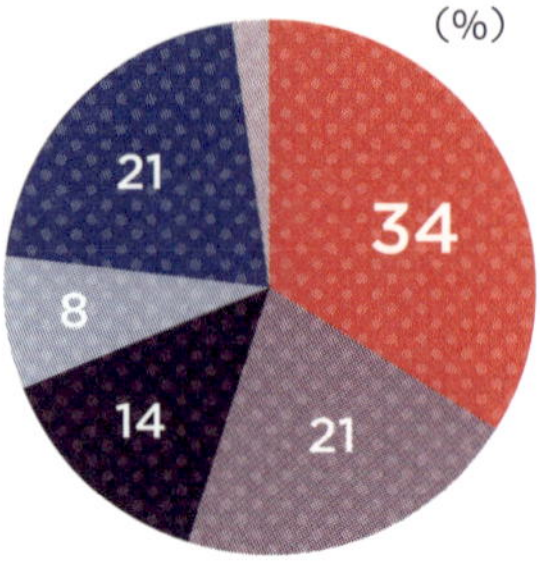
34
21
14
8
21

図2 いつでも

A　ご応募いただけます
B　ご応募になれます

(%)

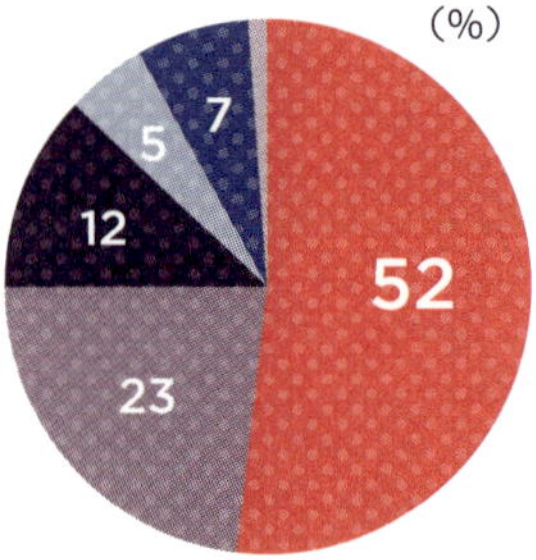
52
23
12
5
7

図3 窓から富士山が

A　ご覧いただけます
B　ご覧になれます

(%)

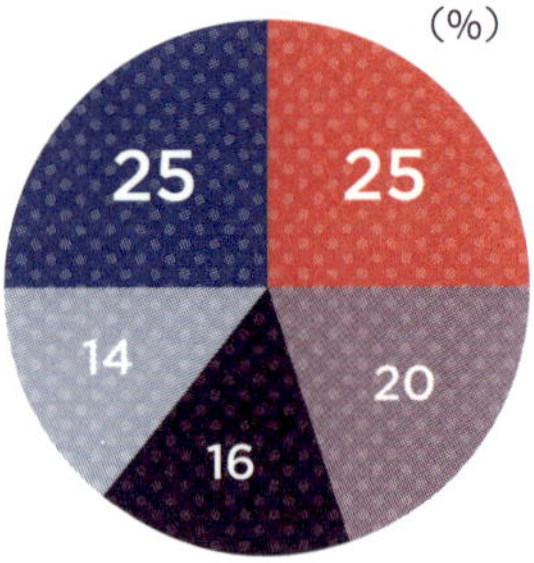
25
20
16
14
25

- Aのほうが感じがいい（Bは感じが悪い）
- どちらかといえばAのほうがより感じがいい
- 両方とも問題ないし、どちらも同じくらい感じがいい
- どちらかといえばBのほうがより感じがいい
- Bのほうが感じがいい（Aは感じが悪い）
- わからない

（2021年2月実施、全国1,208人回答［計画標本数4,000、有効回答率30.2%］）

2時間目

14

「〜していただいてもよろしいですか」？

Q

「お名前をお書きいただいてもよろしいですか」という言い方は、敬語の使いすぎなのでしょうか。

A

「〜していただいてもよろしいですか」という言い方は、たびたび耳にするものです。ことばづかいとして間違っているわけではありませんが、いわゆる「過剰敬語」だと感じる人もいるので、場合によっては注意が必要かもしれません。たとえば「お名前をお書きいただけますか」という言い方で十分に敬意を表すことができる状況・場面も、よくあると思います。

何か頼みごとをするときに、「～してもらってもいい？」というような言い方をする人が、さいきん増えているようです。

たとえば、これまでであれば「見せて」「貸して」と直接的に言っていたような場面・間柄で、

「見せてもらってもいい？」

「貸してもらってもいい？」


というような言い方がされるのをよく耳にします。


これは、相手にある動作（「見せる」「貸す」）をしてもらおうとするときに、「『～してもらってもいい』かどうか」というように一応相手の判断・許可をあおぐような形を取って、相手に「選択の余地」を形式的に与えることによって、一定の「気づかい」を表そうとするものだと考えることができます。

「親しき中にも礼儀あり」がふだんのことばづかいにも広がっているということなのでしょうか。

この「～してもらってもいい？」をそのまま敬語的表現にしたものが「～していただいてもよろしいですか」です。２００７年にウェブ上でのアンケートをおこなってみたところ、「こちらにお名前をお書きいただいてもよろしいですか」という言い方に違和感を覚えるという人が、年代が上になるほど多くなっていることがわかりました。

世界のいろいろな言語で、「言い回しが長くなるほど敬意が高くなる」という傾向がみられます。

「～していただいてもよろしいですか」についても、話し手としては、高い敬意を示そうとしているのでしょう。ご説明のほう、この程度でよろしいとおっしゃっていただけますと幸いに存じます。

「こちらにお名前をお書きいただいてもよろしいですか」には違和感あり
(「こちらにお名前をお書きいただけますか」は気にならない)

(全体39%)

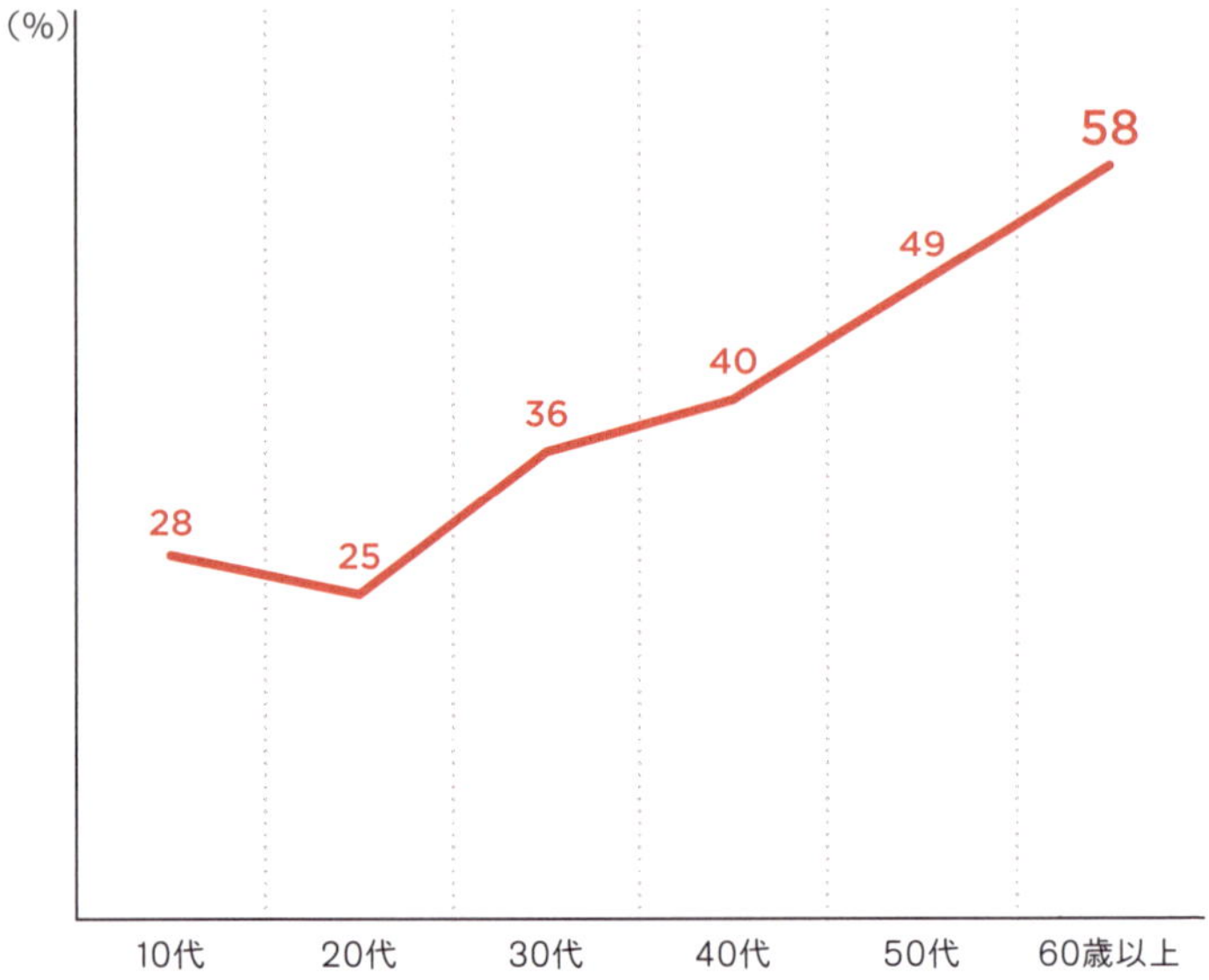

(2007年6月～7月実施、NHK放送文化研究所ウェブアンケート、1,837人回答)

2007年におこなったアンケートでこのような年代傾斜が見られたのですが、この表現は急速に広まっているようなので、もし現在調査を実施した場合には、高齢層での違和感も小さくなって、これよりも傾斜がゆるやかに表れるかもしれないと予想しています。

15

「ご覧になりましたでしょうか」?

Q

「ご覧になりましたでしょうか」という言い方は、おかしいのでしょうか。

A

文法的には、おかしくはありません。ただし、この言い方をどのような場合に使うのかが、非常に重要なポイントです。何の問題もない場合と、そうでない場合があります。

まず、この言い方そのものについてお話しします。

「ご覧になる」は「見る」の尊敬語で、これをもとにしたものに「ご覧になりましたか」という言い方があります。ここに「でしょう」を加えてやわらかく仕上げたのが「ご覧になりましたでしょうか」です。この言い方に対しては「敬語表現として過剰だ（「ご覧になりましたか」で十分だ）」という意見もあるようなのですが、現代語としてすでに広く認められているものだと思います。ただし、「でしょう」ではなく「です」を添えた「ご覧になりましたですか」という言い方については、一般的なものではありません。

次に、使い方について考えてみます。

（A）「○○先生のお書きになったコラム、ご覧になりましたでしょうか。」

（B）「私の書いたコラム、ご覧になりましたでしょうか。」

（A）に比べて、（B）のほうは（聞き手とどのくらい親しいのかということにも左右されますが）やや失礼な感じがするのではないでしょうか。ではこの言い方はどうでしょう。

（B'）「私の書いたコラム、ご覧いただけたでしょうか。」

（B''）「私の書いたコラム、ご覧くださいましたでしょうか。」

（B'）（B''）だと、受け入れられるのではないかと思います。

このように、話題の対象物〔ここでは「私の書いたコラム」〕として「話し手、すなわち私」が深くかかわる文脈では、（B'）（B''）のようになんらかの「授受表現（「いただく」「くださる」など）」を伴って表現したほうが、感じがよく聞こえます。

（B）のように授受表現のない言い方は、文法的にはまちがっていなくても、場面によっては「尊大・えらそう」な印象を与えてしまいかねません。

こうした表現に対しては、実は人によって感じ方がさまざまです。「部長、先日企画書を書いてお机に置いておきましたが、ご覧になりましたでしょうか。」という言い方で調査をして集計してみたところ、「感じが悪い」（47％）と「問題ない」（49％）という割合は、ほぼ同程度になりました。ただし年齢によって違いがあり、30歳から49歳の層では「感じが悪い」という答えがやや多く現れています。このような言い方に対して少し「厳しめ」の年代です。

最後までお読みになり、ありがとうございます。（↑どうでしょう、このような言い方の感じの悪さがおわかりいただけるでしょうか）

Bさん「部長、先日企画書を書いて
お机に置いておきましたが、【ご覧になりましたでしょうか】」
という言い方は……　※部長は、Bさんの上司

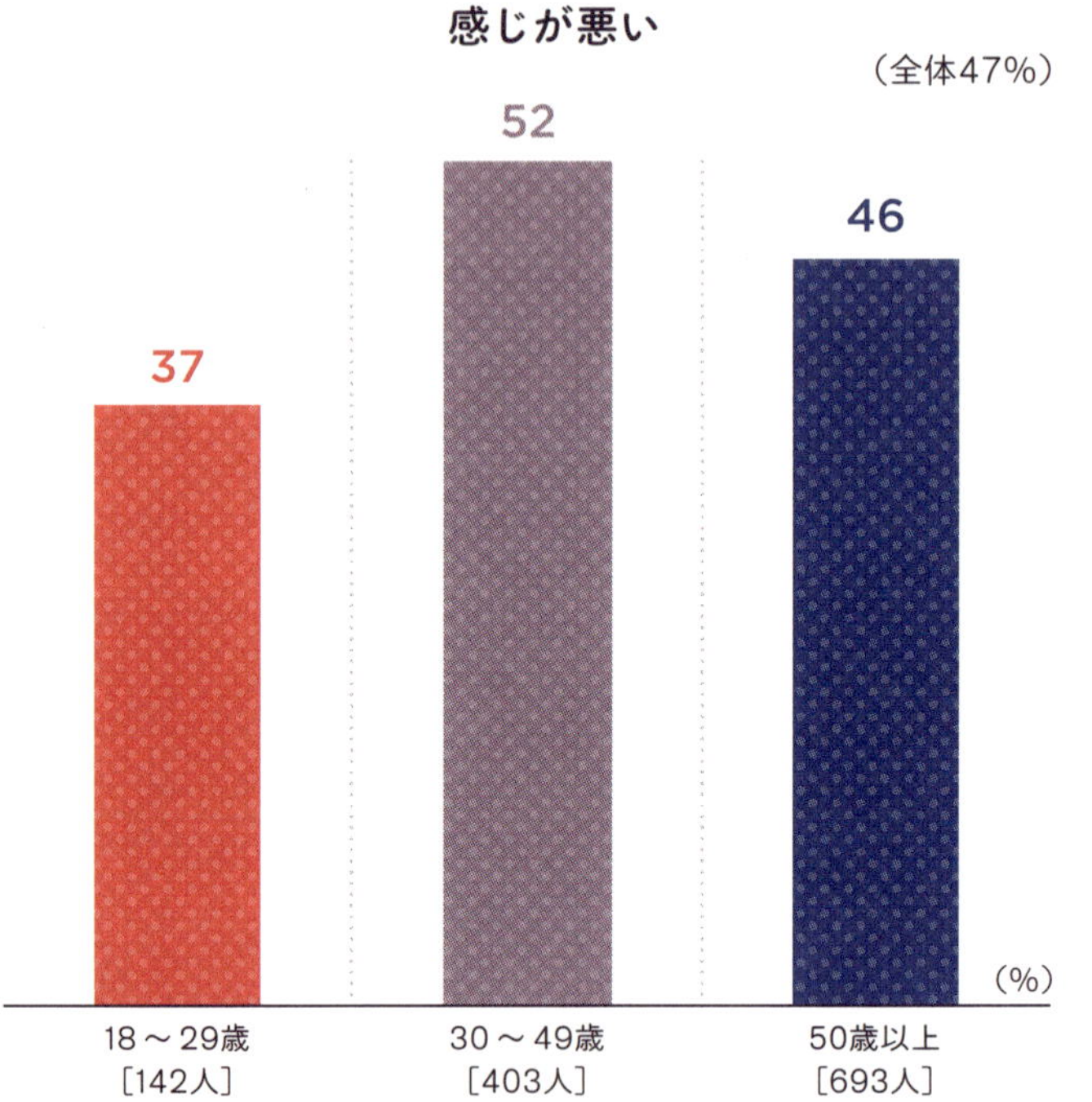

感じが悪い
（全体47%）
37
52
46
(%)
18～29歳
［142人］
30～49歳
［403人］
50歳以上
［693人］

（2016年7月実施、全国1,238人回答［計画標本数4,000、有効回答率31.0%］）
『放送研究と調査』2017年8月号参照

敬語表現でない場合でも、これと同じような違いが感じられることと思います。「『納豆買ってきて』っていうメール、見てくれた?」はやわらかい感じがしますが、「『納豆買ってきて』っていうメール、見た?」だと、うーん……。

2時間目

16

「お送りする」?

Q

「私の履歴書をお送りします」という言い方は、おかしいのでしょうか。

A

文法的にはおかしくないのですが、場面・場合によっては、ふさわしくないと考える人もけっこういます。

「お（ご）～する」という言い方は、「謙譲表現」を作るときに用いられます。「謙譲」は、「自分の動作・行為を低めて言い表す⇒その結果、聞き手のことを相対的に高める」という効果を持つものです。では、自分の動作・行為を謙譲表現として低めて表せば、常に聞き手の地位が高まるものなのかというと、そうではありません。

たとえば「きのう私の弟に写真をお送りしたのですが、……」という言い方は、「きのう担任の先生に写真をお送りしたのですが、……」に比べると、かなり変です。「お送りする」の場合、その動作の受け手が「敬意を示すべき対象者」である必要があります。この一番目の文は、自分の弟に敬意を示していることになってしまいます。

これに加えて、「お（ご）～する」は、「その動作の受け手が、なんらかの恩恵・利益を受ける（少なくとも〝迷惑〟にはならない）」ようなときに用いられるのが、非常に一般的です。

たとえば、

「牛丼無料券を【お送りします／送らせていただきます】ので、ぜひご利用ください」

だと、どちらの言い方でもすごくうれしく感じます。

一方、

「請求書を【お送りします／送らせていただきます】ので、期日までに必ずお支払いください」

のような形で「請求書をお送りします」と伝えられると、少々身がまえます。それは、「請求書が送られてくるのは、必ずしも自分の利益につながるわけではない」からです。

ウェブ上でおこなったアンケートでは、A「先日の会の写真をお送りしますので、ご覧いただけたら幸いです」、B「私の履歴書をお送りしますので、ご覧いただけたら幸いです」はOKでも、「私の履歴書をお送りします」は感じが悪いという人が、年齢が高くなるほど多くなっていることがわかりました。これもやはり、「会の写真」はもらってうれしいけれども、「履歴書」は常にうれしいわけではないということが、関連しています。

「これからも、みなさまの役に立つ情報をお伝えします」。いや、「役に立つ情報を伝えさせていただきます」かなあ。いや、ぼくが言うと、どっちも感じが悪いでしょうか。

A「先日の会の写真をお送りしますので、ご覧いただけたら幸いです」
B「私の履歴書をお送りしますので、ご覧いただけたら幸いです」

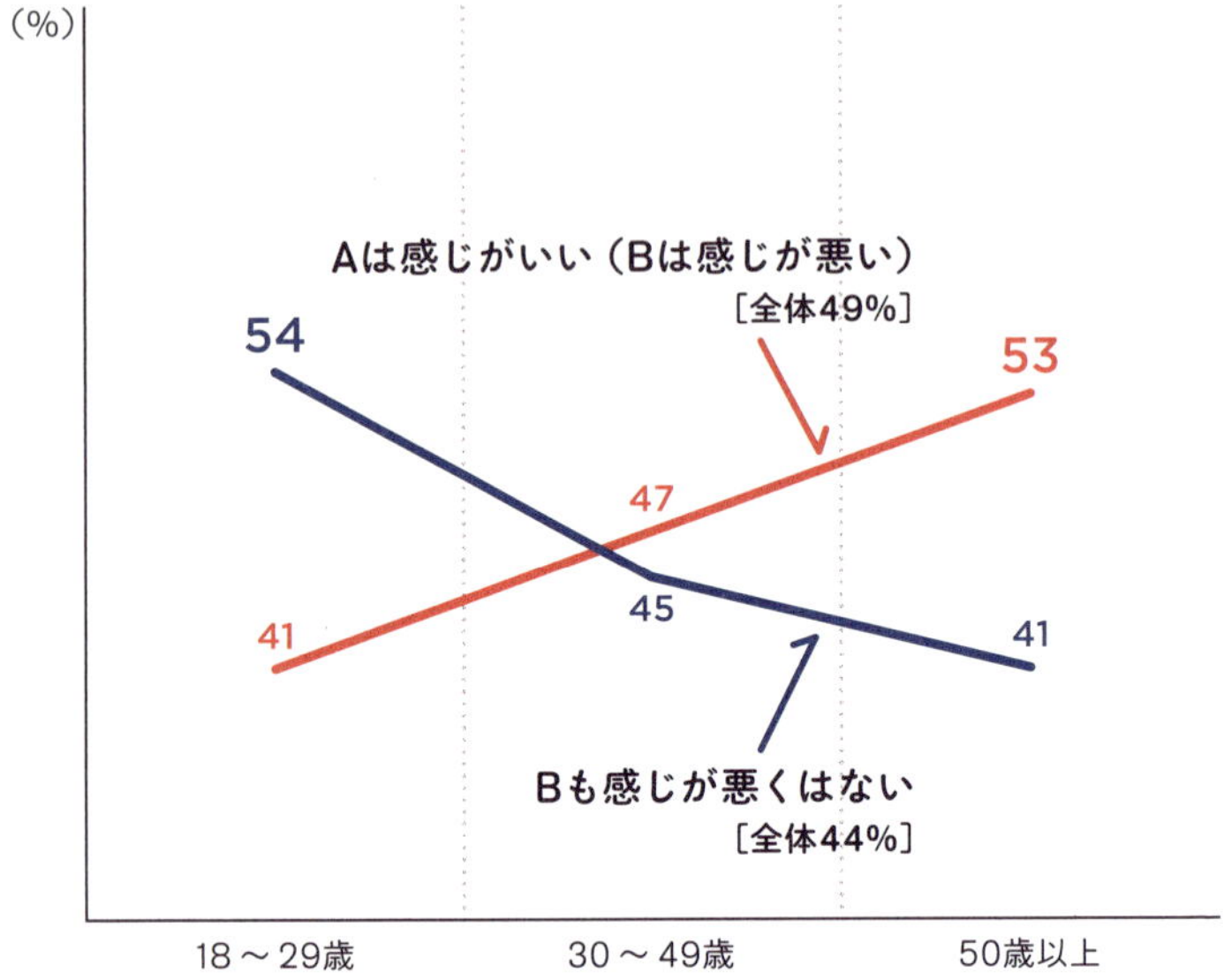

（2016年9月～10月実施、NHK放送文化研究所ウェブアンケート、596人回答）

「させていただきます」の多用はなにかとよく非難されることがありますが、このBのようなことを伝える場面だと、むしろ「私の履歴書を送らせていただきますので」という表現のほうがしっくりくるように感じます。

17

「いらして」？「いらっしゃって」？

Q

「いらして（ください）」という言い方は、使わないほうがよいのでしょうか。国語辞典を見ると、「いらっしゃる」は載っているのですが、「いらして（ください）」のもとになる動詞「いらす」が載っていないので、少し心配です。

A

使うことに問題はありません。「いらっしゃって」「いらっしゃった」は、場合によって「いらして」「いらした」という形をとることが多いものです。

「いらっしゃる」は、「入《い》らせらる」（＝「お入《はい》りになる」）という言い方からできたことばです。この動詞に「〜て」「〜た」が付くと「いらっしゃっ（て／た）」になるのですが、これは使われる機会がたいへん多いのにもかかわらず語形が長いので、動詞の活用形としては例外的に「いらし（て／た）」という形も認められているのです。

なお、「いらっしゃる」には「行く・来る・いる」の尊敬語としての用法がありますが、これには変化が生じつつあるようです。

「いらしてください」と「いらっしゃってください」の使い方についてネット上でアンケートをしたのですが、ここでは「いらしてください」についての調査結果に注目してみます。「いらしてください」が「来てください」の意味で使われることはすべての年代で一般的なのですが、「行ってください」の意味で考えた場合には、若い年代での支持率が低くなっているのです。

これは、「行かれてください」という言い方が増えてきたことが関係しているのではないかと考えています。それに対して、「来られてください」はそれほど耳にしません。「いらしてください」だと「行く」のか「来る」のか「いる」なのかがはっきり表せないこともあるので、「行く」の意味のときには「行かれてください」と特に言い分けるようになってきているのではないかと考えられます。このようになることで、「いらしてください」と言われたときの意味が、「来てください」あるいは「いてください」のどちらかに限定できるようになります。

「行かれてください」という言い方が広まってきた背景の一つに、もう一つの「いかれる」ということばが衰退してきていることが挙げられます。「古びて使えなくなる、変になる」という意味での「いかれる」です。

この「いかれる」が社会で広く使われていたころには「行かれてください」という言い方はとても嫌われていたのですが、これが廃れてきたことで「行かれてください」が積極的に活動を始める余地が生まれたのではないかと考えています。

「こちらに〇〇〇ください」(「来てください」の意味で)

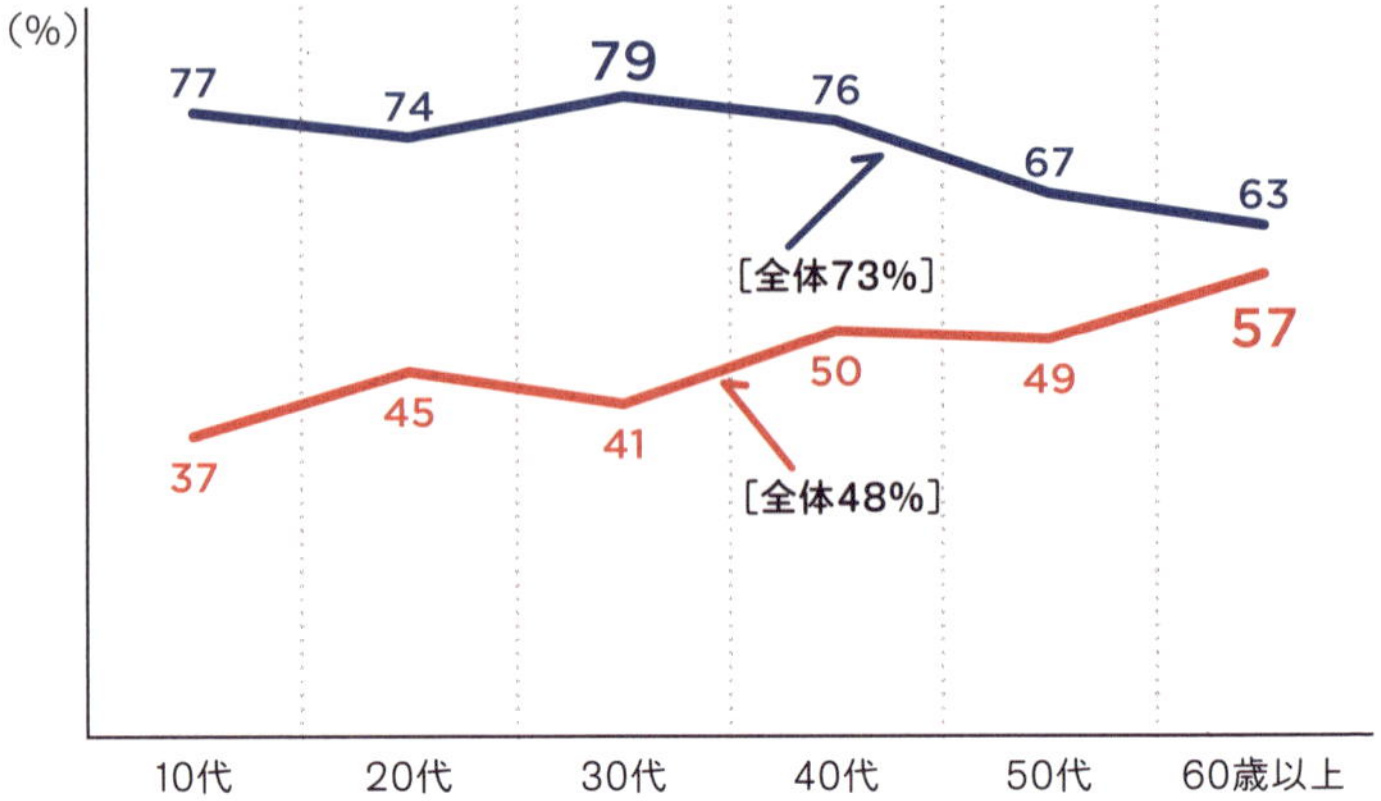

「あちらに〇〇〇ください」(「行ってください」の意味で)

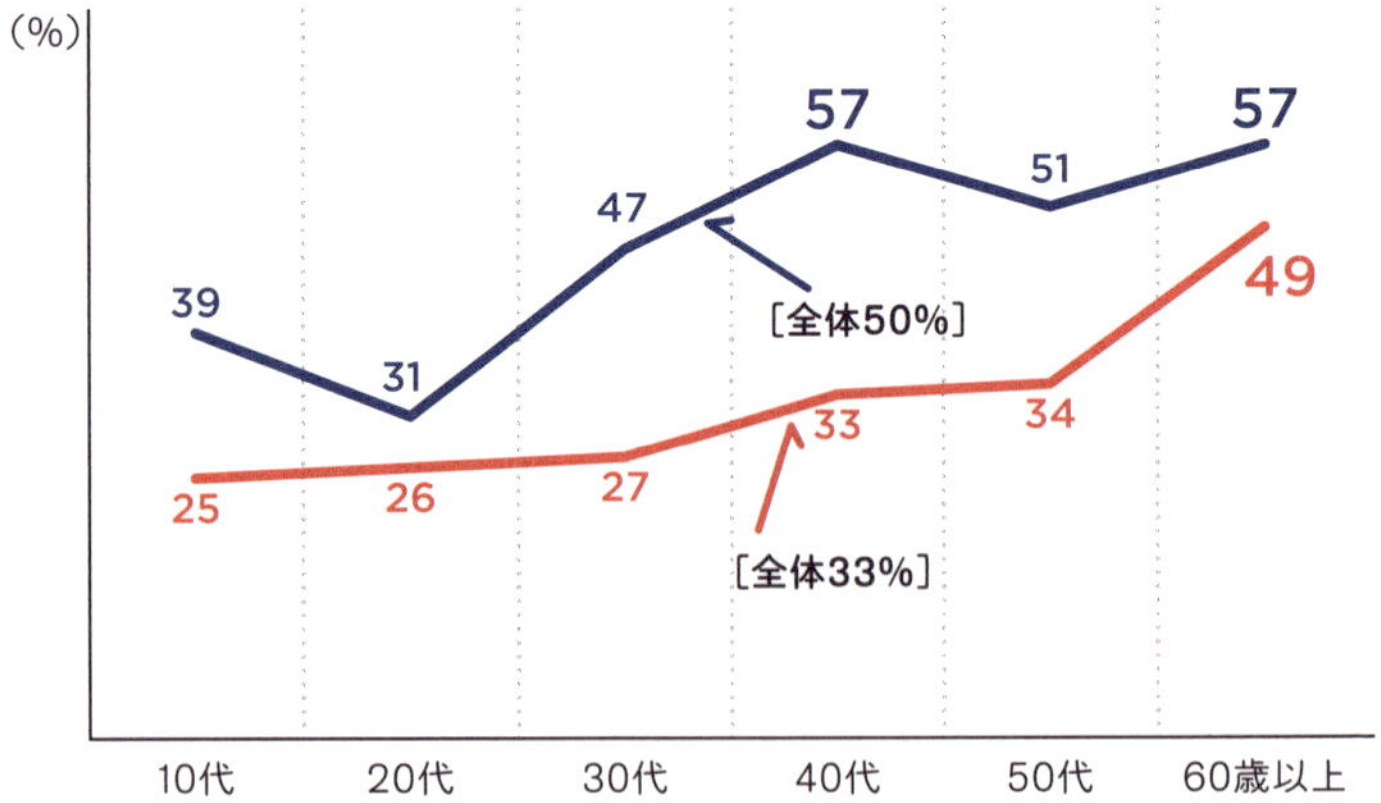

「いらして」OK
「いらっしゃって」OK

(2008年8月～9月実施、NHK放送文化研究所ウェブアンケート、1,211人回答)

3時間目

算数

悩ましい数々のことば

18

「7割弱」は、70％よりも少ない？多い？

Q

「7割弱」「7割強」という言い方は、実際にはどのくらいの数値を表すのでしょうか。

A

「7割弱」は「7割よりも少し少ない」、「7割強」は「7割よりも少し多い」として解釈するのが伝統的です。しかし、これとは異なるとらえ方も、特に若い人たちを中心に、少なからず見られるようです。

「〜弱」「〜強」は、国語辞典では次のように示されています。

じゃく【弱】ある数の端数を切り上げたとき、示す数よりは少し、不足があることをいうために、数字のあとに付けて用いる。

きょう【強】ある数の端数を切り捨てたとき、示す数よりは少しあまりがあることを示すために数字のあとに付けて用いる。

（『日本国語大辞典（第二版）』）

これに当てはめると、「7割弱」は【70％未満の数値】であること、そして「7割強」は【70％よりも大きい数値】であることになります。

一方、現実としてはどのように解釈されているのでしょうか。「7割弱」「7割強」という表現について、その数値の範囲を自由に回答する形式での調査をおこなってみました。

まず「7割弱」の【●●％から】については、いちばん多かったのは【65％から】という回答で32％でした。そして【●●％まで】については、【69％まで】で42％でした。図1

また「7割強」についてもっとも多かった回答は、それぞれ、【70％から】の回答が40％、

図1　「7割弱」は、●●%から●●%まで？

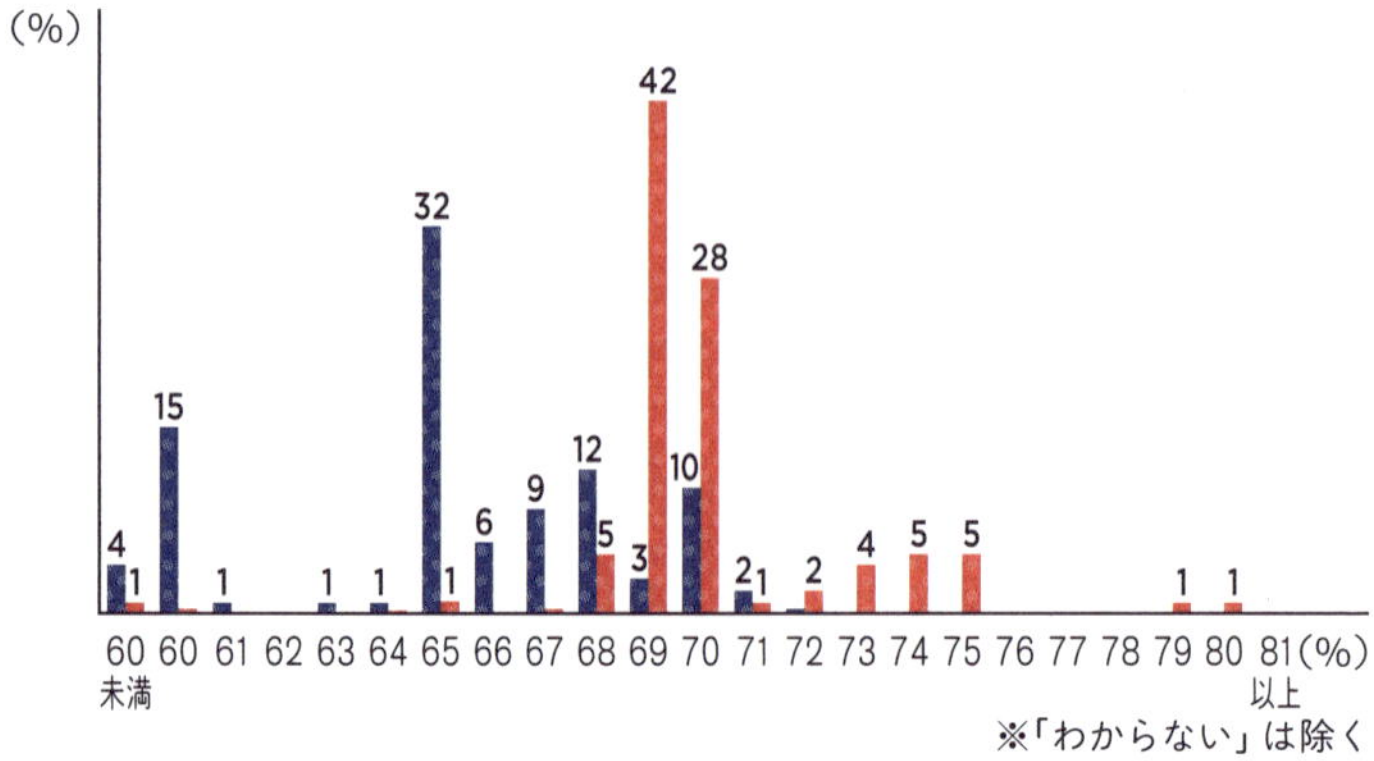

図2　「7割強」は、●●%から●●%まで？

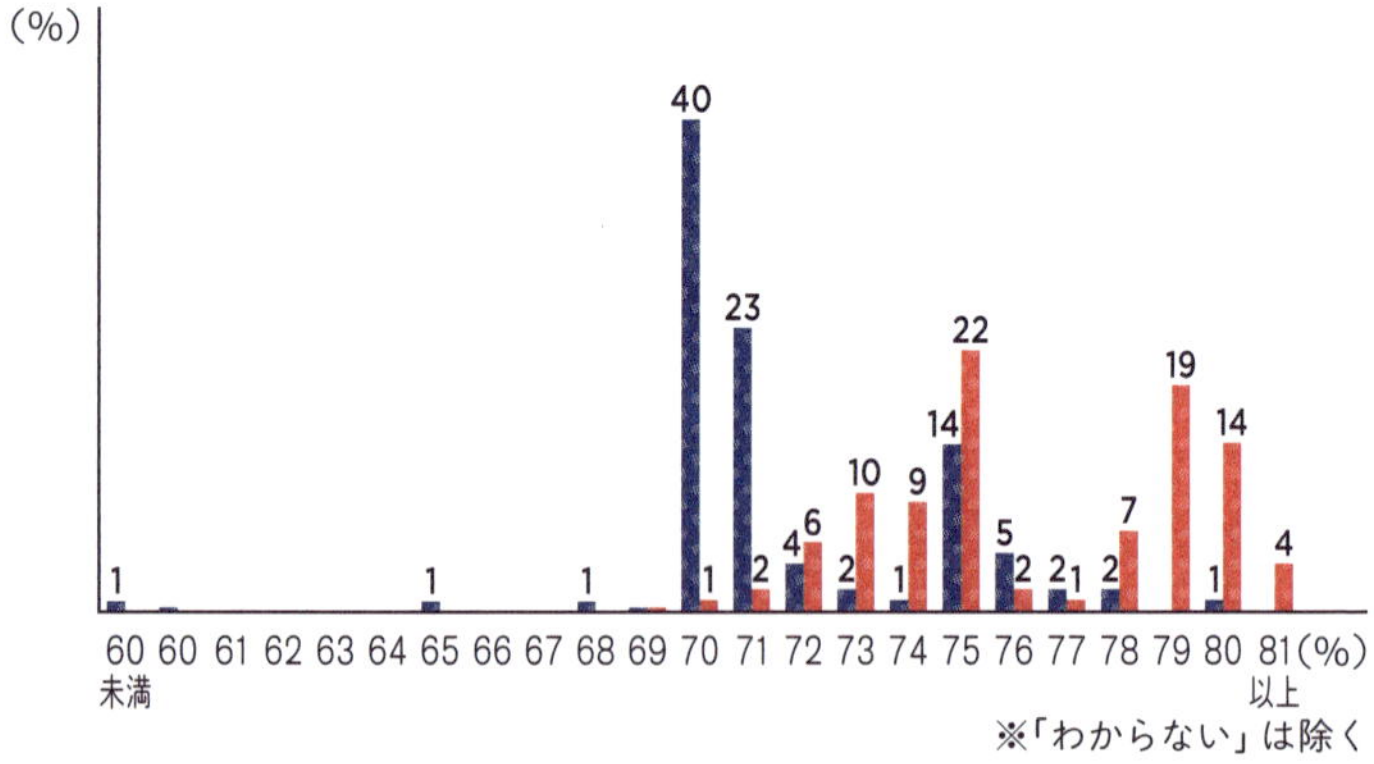

それぞれ最多の回答は、「7割弱」は【65%から】(32%)、【69%まで】(42%)、そして「7割強」は【70%から】(40%)、【75%まで】(22%)です。ただし、「7割弱」には【70%から】という回答も10%あります。

図3 「7割弱」は、70%から　（全体10%）

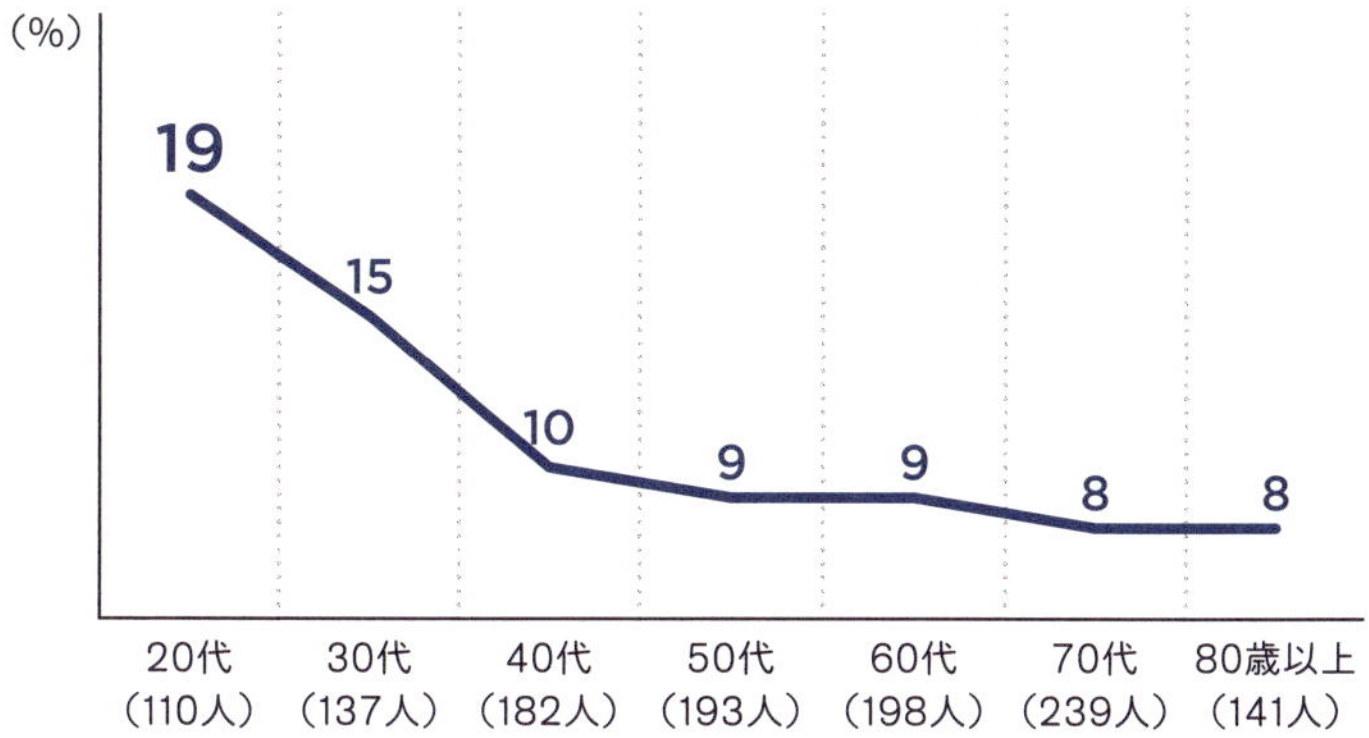

図4 「7割強」は、75%から　（全体14%）

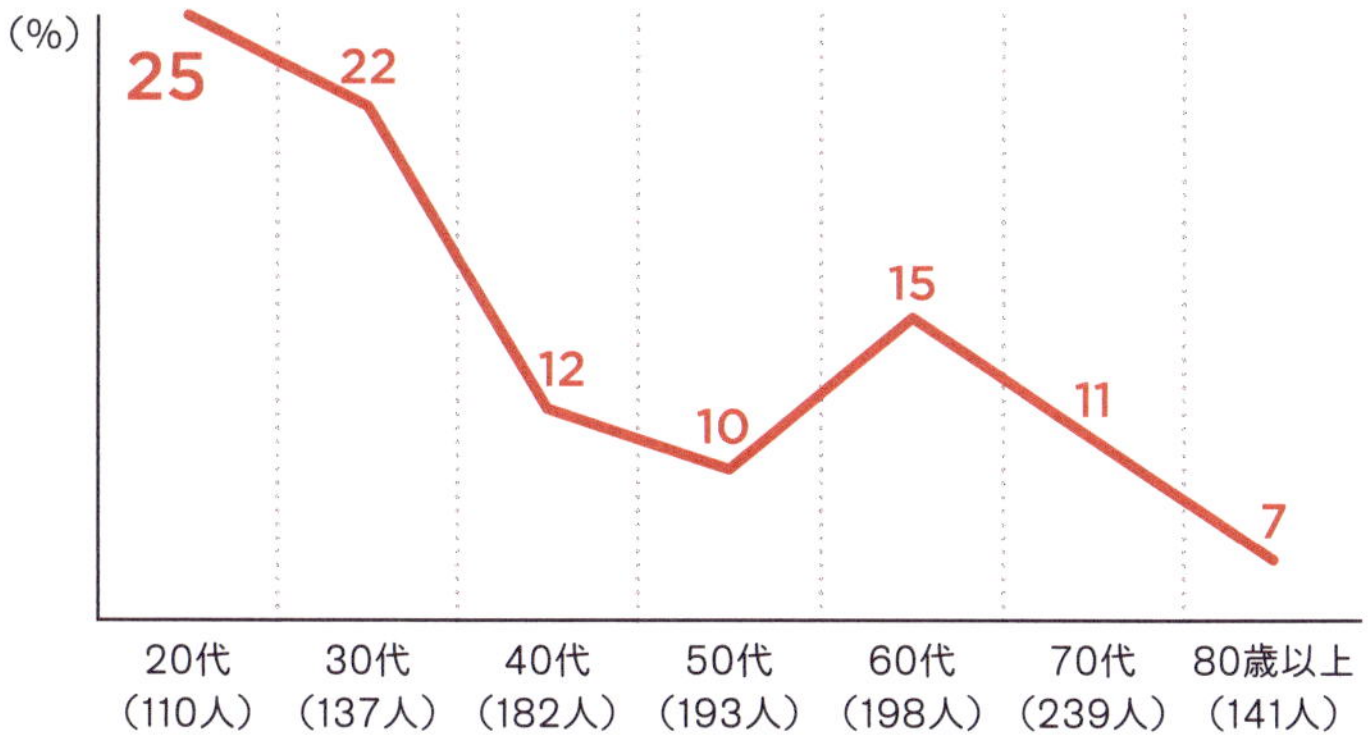

（2023年6月実施、全国1,200人回答［計画標本数4,000、有効回答率30.0%］）

20代では、「7割弱」は【70%から】、「7割強」は【75%から】という回答が、ほかの年代よりも多いことが見て取れます。いずれも、「弱・強」に対する新興の解釈です。

そして【75％まで】の回答が22％となっていました。図2

このように、「7割弱」は【65％から69％まで】、「7割強」は【70％から75％まで】といったあたりの解釈が、現状ではもっとも典型的なものと言えるでしょう。

その一方で、「7割弱」について、伝統的な解釈とは合致しないはずの【70％から】という回答も10％あることが、目を引きます。

この回答を年齢別にみたところ、20代ではこの回答の割合が特に多い（19％）ことがわかりました。図3 どうも、若い人の中には、「7割弱」を「7割と、ちょっと」というように解釈している人も、けっこういるようなのです。

関連して、「1時間弱」ということばの解釈についてかつておこなった調査でも、若い人にこれと同じ傾向が見られていました（『変わる日本語、それでも変わらない日本語』P.135）。

また、「7割強」の解釈に関して、20・30代では全体平均にくらべて「上振れ」しているようすが見られます。試みに『7割強』は、【75%から】」という回答を年代別に示してみたのが 図4 です。

これは、若い層では「7割弱」は70%よりも大きい数値だと認識されていることに伴って、それに押し出される形で、「7割強」の数値の解釈範囲が「上振れ」したものだと推定されます。

このように、特に若い人たちの間では、「7割弱」「7割強」いずれも、伝統的な解釈よりほんの少し「高め」の数値でとらえられているようです。

今後、この「高め」の傾向が年齢を重ねても維持されていくのか、あるいは加齢とともに低くなっていくのかは、今はわかりません。でも、人生の目標は若いころは「高め」に設定しておくのがよいと、かつて若かった者の一人としては思ったりします。

19

「1000円弱」は、1000円よりも高い？安い？

Q

「プレゼントは1000円弱を目安に準備してください」と言われたら、1000円よりも高いものを準備したほうがよいのでしょうか、あるいは安いものでよいのでしょうか。

A

1000円よりも少し安い値段のもので準備することをおすすめします。

「〜弱・〜強」という言い方についての解釈のしかたの問題は、これまでも、「1時間弱・1時間強」（『変わる日本語、それでも変わらない日本語』p.135）および「7割弱・7割強」（前の項）を題材として取り上げてきました。あらためて考えてみましょう。

「〜弱・〜強」の意味・用法については、前の「7割弱・7割強」の項で取り上げたのとは別の辞典ですが、次のように説明されています。

じゃく【弱】切り上げてその数になったことを示す語。実際はその数値よりもすこし少ないこと。

きょう【強】ある数のほかに切り捨てた端数のあること。実際はその数値よりもやや多いことを表す。

（『広辞苑（第七版）』）

ここから考えると、「1000円弱」は「1000円よりもすこし少ない」（＝1000円－α）ということになります。

ところが、この「1000円弱」のことを「1000円よりもすこし多い」（＝1000円

＋α」というように解釈している人が、特に若い人たちを中心に見られるようになっています。「1000円と、少々」というとらえ方なのだと思います。

この若い人たちの傾向（「〜弱」を「〜よりもすこし少ない」ではなく「〜よりもすこし多い」ととらえる）は、「1時間弱」や「7割弱」の解釈に観察される傾向とも共通しています。

「1000円弱・1000円強」について、調査をおこなってみました。まず、2つの考え方を回答者に提示しました。

A：両方とも1000円以上だが、「1000円弱」は1000円を少し超える金額で、「1000円強」は1000円よりもかなり高い金額を表す。

B：「1000円弱」は1000円よりも安い金額のことで、「1000円強」は1000円を超える金額のことを表す。

Bのほうが、伝統的な解釈です。Aは、新しい解釈だと言えるでしょう。

これについてまず全体の結果を見てみると、用意した回答選択肢の中でいちばん多かった

「1000円弱」「1000円強」は……

A　両方とも1000円以上だが、「1000円弱」は1000円を少し超える金額で、「1000円強」は1000円よりもかなり高い金額を表す。

B　「1000円弱」は1000円よりも安い金額のことで、「1000円強」は1000円を超える金額のことを表す。

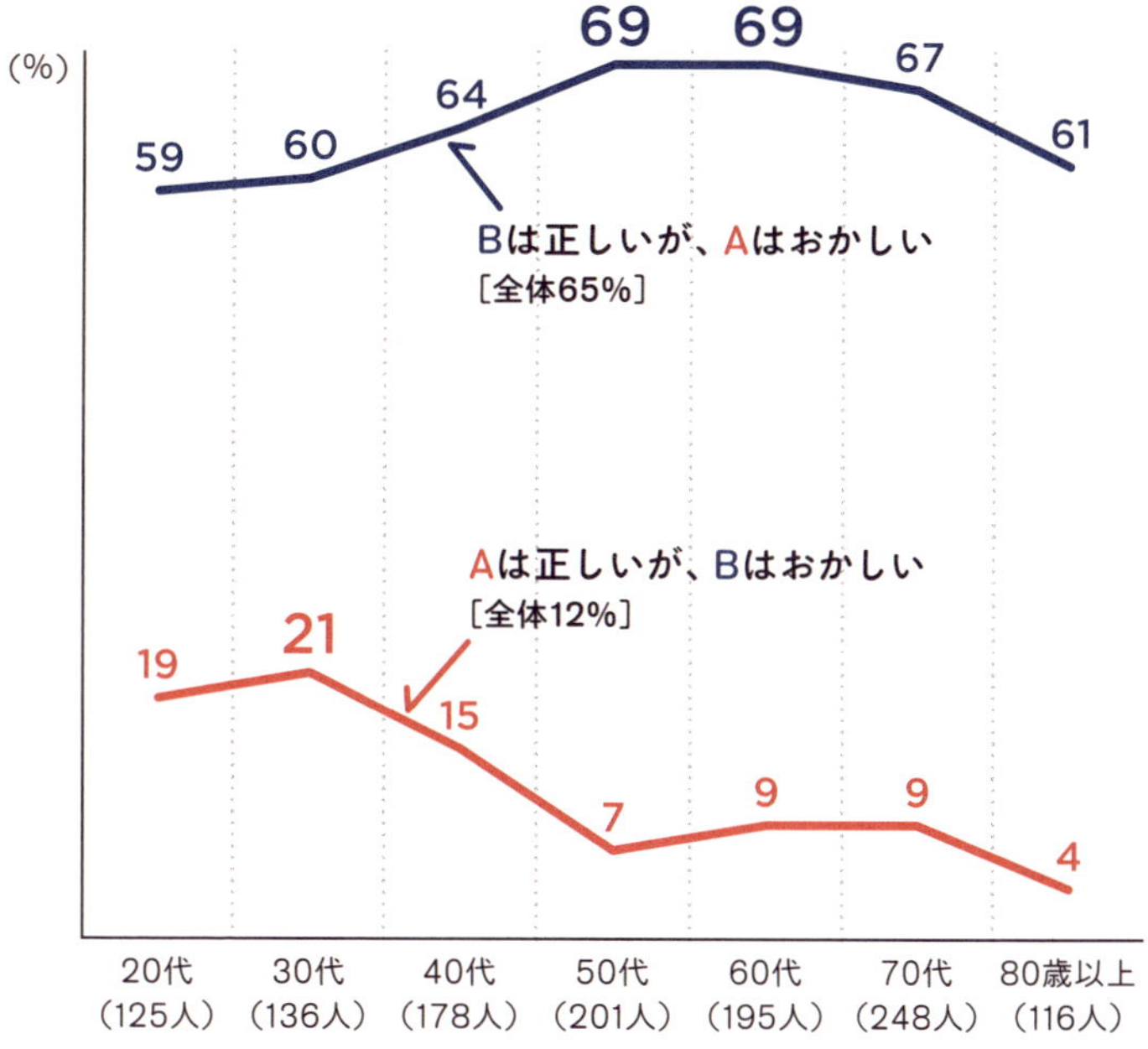

（2024年2月実施、全国1,199人回答［計画標本数4,000、有効回答率30.0%］）

なお、「震度5弱」は震度計で計測した数値が4.5以上5.0未満、「震度5強」は5.0以上5.5未満のことを指します。つまり震度の表し方も、「弱・強」の伝統的な解釈にのっとっているというわけです。

のは、「Bは正しいが、Aはおかしい」（全体65％）というものでした。伝統的な解釈が主流だということですね。

それに対して、この反対の「Aは正しいが、Bはおかしい」（全体12％）が2番目になっていました（このほか、「どちらも正しい」8％、「どちらもおかしい」9％、「わからない」6％）。

一方、年代別には、20代・30代で、この新しい解釈である「Aは正しいが、Bはおかしい」がやや多くなっているのが、調査結果から見て取れます。この年代では、『1000円弱』は1000円を少し超える金額」（＝1000円＋α）だと考える人が、2割程度いるということになります。

新しい用法のほうを使う若いみなさん、年上の人を食事に誘うときに「1000円弱で済みますから」と言うと、「そうか、1000円でおつりが来るんだな」と思っていた人を会計時にがっかりさせてしまうことが十分考えられるので、伝統的な意味・用法もいちおう知っておいた上で、ぼくたちの世代とも仲良くしてくださいね。

20

「1・5」は、イチテンゴ？ イッテンゴ？

Q

「1・5」という数値の読み方は、イチテンゴでしょうか、イッテンゴでしょうか。

A

どちらの読み方もまちがいではないということを大前提にした上で、放送では、むかしからイチテンゴのほうをおすすめしています。

数字の「1」を単独で発音した場合には、イチ ですね。一方、このうしろに「…テンゴ（点5）」などのことばが付いたときに、そのままイチテンゴとなる言い方のほかに、イッテンゴという発音に変わる言い方もあります。

このように、もとの音が「ッ」に変わる現象のことを、「促音化」と言います。

ふつうの話しことばでは、それぞれの元の数字そのままの発音の イチテンゴ と、促音化した発音の イッテンゴ の両方が用いられています。ただし放送では、こうした数字はできるかぎり、それぞれはっきりと発音するのが望ましいということから、それぞれの元の数字そのままの発音の イチテンゴ のほうをおすすめしています。

繰り返しになりますが、促音化した発音の イッテンゴ がまちがいだということではありません。

「1」と同じように促音化を起こす例として、「8」があります。

たとえば「8・5」の発音には、ハチテンゴ と ハッテンゴ がありますが、放送では「1・5」での考え方と同じように、ハチテンゴ のほうをおすすめしています。

テレビのニュースで、アナウンサーが話すことばとして……

ⓐ 1.5メートル

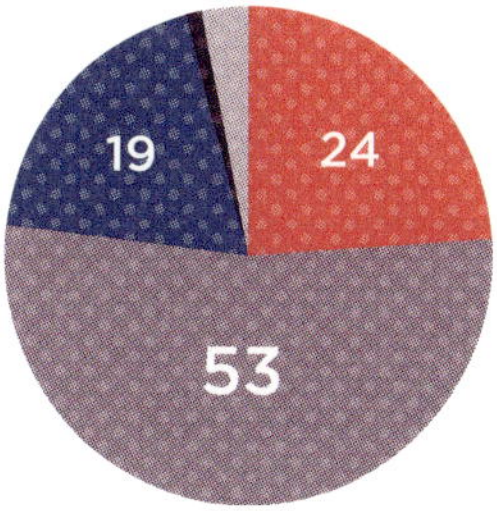

イチテンゴはおかしい
どちらもおかしくない
イッテンゴはおかしい
両方おかしい
わからない

ⓑ 1.5度

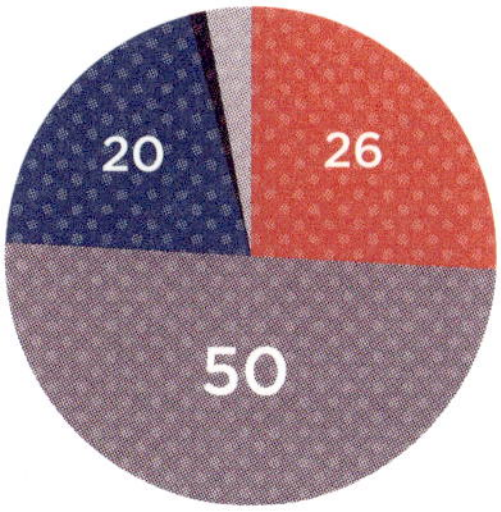

イチテンゴはおかしい
どちらもおかしくない
イッテンゴはおかしい
両方おかしい
わからない

ⓒ 8.5メートル

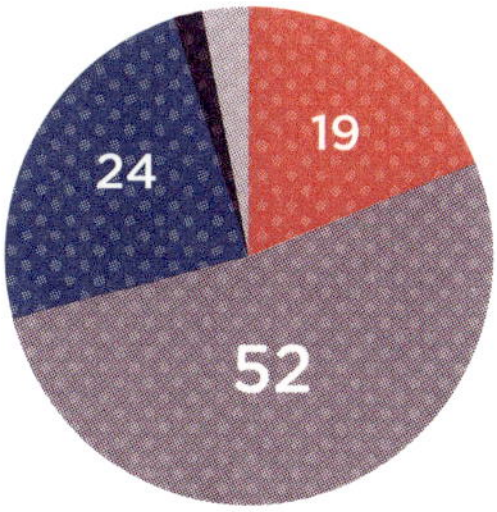

ハチテンゴはおかしい
どちらもおかしくない
ハッテンゴはおかしい
両方おかしい
わからない

ⓓ 8.5度

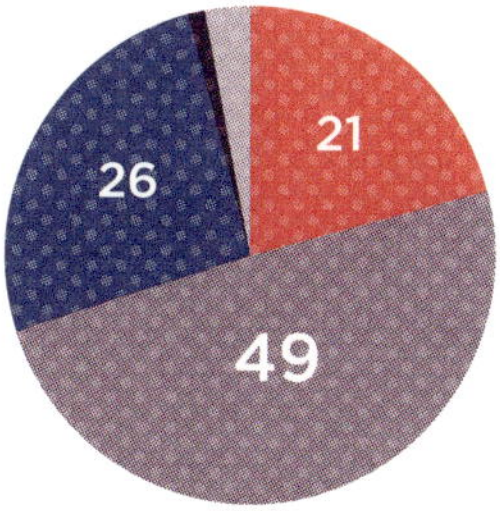

ハチテンゴはおかしい
どちらもおかしくない
ハッテンゴはおかしい
両方おかしい
わからない

（2023年6月実施、全国1,200人回答［計画標本数4,000、有効回答率30.0%］）

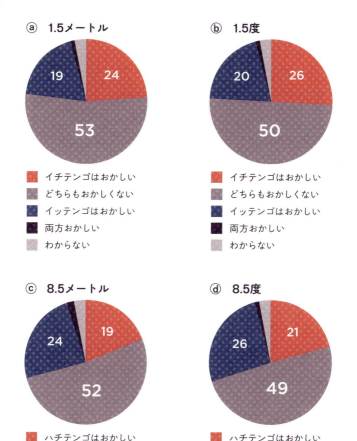

一方、一般の人たちを対象に実際に調査をしてみた結果では、「1・5」と「8・5」では促音化の受け入れの度合いに違いがあることがわかりました。「1・5」は、「8・5」にくらべると、促音化した発音のほうのみを支持する割合がやや高い傾向が見られたのです（『放送研究と調査』2023年12月号）。

ⓐ「1・5メートル」、ⓑ「1・5度」、ⓒ「8・5メートル」、ⓓ「8・5度」のそれぞれについて、〔テレビのニュースで、アナウンサーが話すことば〕としての感じ方を尋ねたところ、「〔イチテンゴ～イッテンゴ〕のどちらもおかしくない」「〔ハチテンゴ～ハッテンゴ〕のどちらもおかしくない」という回答が、ⓐⓑⓒⓓのいずれでもおおむね半数で、トップでした。

しかし2番目に多かった回答は、ⓐⓑ「1・5」では「イチテンゴはおかしい（ⓐ24％、ⓑ26％）」であるのに対して、ⓒⓓ「8・5」のほうでは「ハッテンゴはおかしい（ⓒ24％、ⓓ26％）」なのです。

いかがでしょうか。欠点《けってん》の多い説明でバッテンが付けられてしまうかもしれませんが、それでも心機一転《いってん》、がんばります。

21 いつも6時に起きる人は、「7時には起きません」と言ってもいい？

Q

毎朝6時に起きる習慣のある人がいたとします。この人が「いつも起きるのは7時ごろですか。」と尋ねられたとき、「いえ、7時には起きません。6時です。」と答えても、かまわないのでしょうか。

A

かなり難しい問題ですが、これは答え方としておかしいと感じる人も、決して少なくありません。6時に起きる人は、7時になったときにはすでに「起きて」いるからです。

この答え方について、「ＯＫだ」という人と「ダメだ」という人の言い分を聞いてみましょう。

ＯＫ：これは「いつも起きる時刻は7時か」をＹＥＳ／ＮＯで聞かれてるわけで、7時じゃなくて習慣的に6時に起きてるんだから、「いいえ、7時には起きません。」って答えても、なんの問題もないでしょ。

ダメ：でもさ、「7時には起きません。」って「7時にはまだ寝てます」「そんな早い時間には起きられません」っていうニュアンスを感じない？

ＯＫ：それは考えすぎなんじゃない？

さて、考えすぎかどうか、ウェブ上でおこなったアンケートの結果を見てみましょう。「いつも起きるのは7時ごろですか」と尋ねられ、それに対して「いいえ、7時には起きません。【A 起きるのはだいたい6時ごろです。】【B 起きるのはだいたい8時ごろです。】」という2つの答え方を考えてみたとき、A・Bそれぞれについてどう感じるかを質問したものです。

すると、「両方とも自然な答え方だ」という人が45％と最も多かった一方で、「Aは不自然

「いつも起きるのは7時ごろですか」と尋ねられて……

A「いえ、7時には起きません。起きるのはだいたい6時ごろです。」

B「いえ、7時には起きません。起きるのはだいたい8時ごろです。」

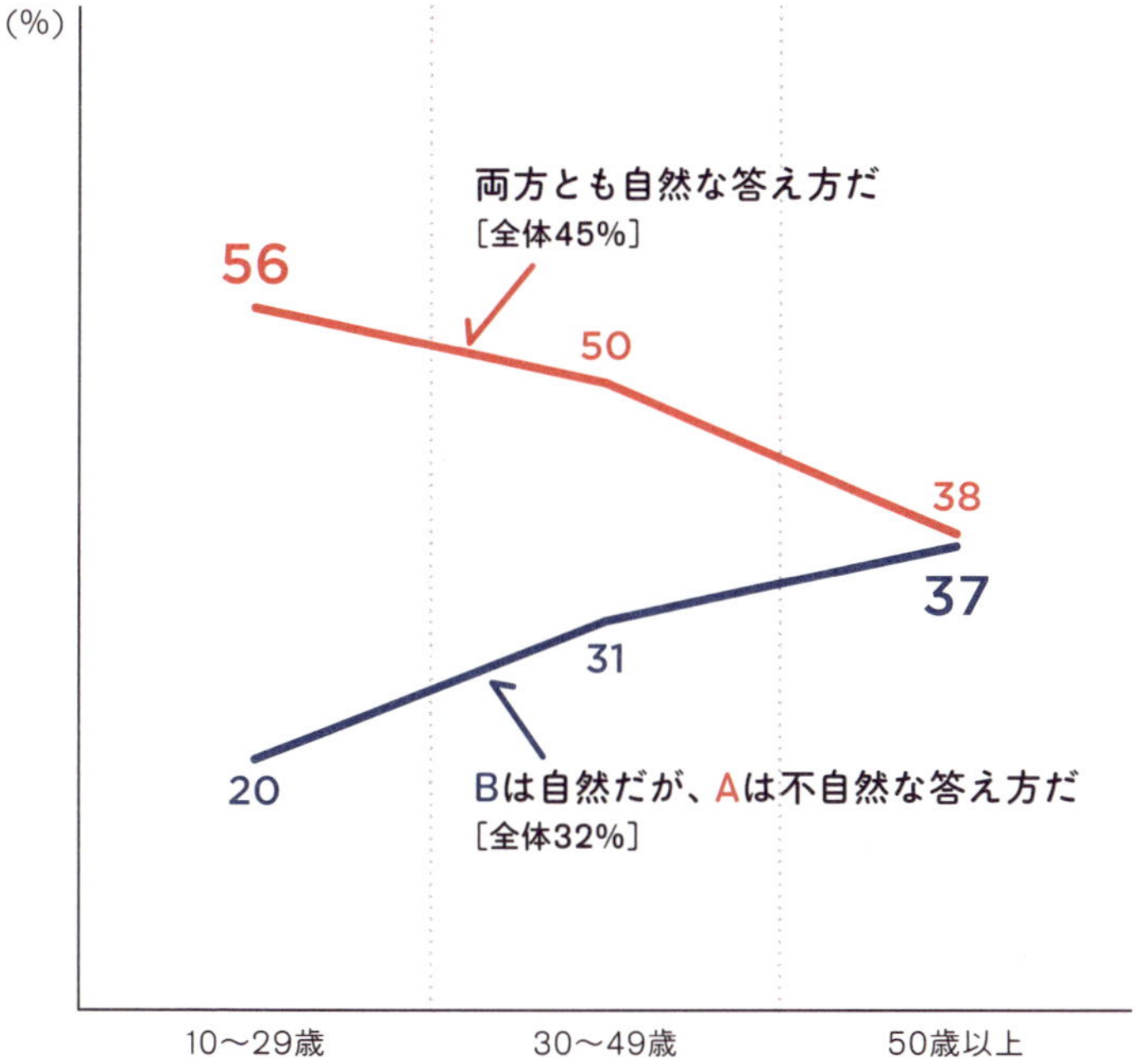

（2016年6月〜7月実施、NHK放送文化研究所ウェブアンケート、694人回答）

これがもし「いつも寝るのは、11時ごろですか」だった場合は、どうでしょう。これに対しての「いえ、11時には寝ません。寝るのはだいたい10時ごろです」という答え方は、個人的にはかなりひっかかるのですが、いかがでしょうか。

だ」という人が32％と2番目になっていることがわかりました（これら以外の回答パターンは少ないので省略）。

また、若い人たちでは「両方とも自然」と感じる人が半数を超えるのですが、比較的高齢層では違うようです。

これは、「7時には起きません」という言い方が「7時にはまだ起きていません」と同じ意味として解釈されたことによるものです。

つまり、【A　起きるのはだいたい6時ごろです】のほうは7時の時点ではすでに起きているに決まっているからおかしい、と判断されたのです。

では、どのように言い表せば多くの人に違和感なく受け止められるのでしょうか。例えば「いえ、6時に起きます（起きるようにしています）」「6時には起きています」のように、あえて「7時」については触れないで答えるという方法があります。

ところでぼくはと言うと、「6時には起きるようにしたいものだと思ってはいます」。

3時間目

22

「○○人に達する」？「○○人に上《のぼ》る」？

Q

「死者は50人に達しました」と「死者は50人に上《のぼ》りました」では、言い方としてどちらがよいのでしょうか。

A

ニュアンスの違いがあり、どちらも間違いではありません。ただし、「死者は50人に達しました」という言い方はおかしいと感じる人も、少なくありません。

まず、「達する」と「上る」の基本的な意味について考えてみます。

「達する」は、ある基準の場所や基準の数値に「到達する」ということです。基準となる数値は、多くの場合は「きりのいい数値」か、あるいは「〝新記録〟と呼べるような高い数値」です。たとえば、「来客数が1万人に達しました」という言い方は、数値が「きりのいい数値」であり、また「新記録」とも呼べそうなので、非常によく使われています。一方、「死者は6人に達しました」だと、数値があまりに具体的すぎて、ややすわりが良くない印象を受けます。また、死者の数をあたかも「新記録」であるかのようにとらえるのだとしたら、それはあまりほめられた態度ではありません。

一方「上る」は、「階段を上る」のように、一歩一歩踏みしめて（＝少しずつ数値が大きくなって）、じわじわと高いところに進んでいくという根本的な意味があります。その数値は、必ずしも「きりのいい数値」である必要はありません。また「新記録」というイメージも、あまりないようです。そのため、「死者は6人に上りました」という言い方は、さきほどの「〜達しました」よりも、受け入れられやすいようです。こういう結論に達しました。

A　死者は50人に達しました

B　死者は50人に上《のぼ》りました

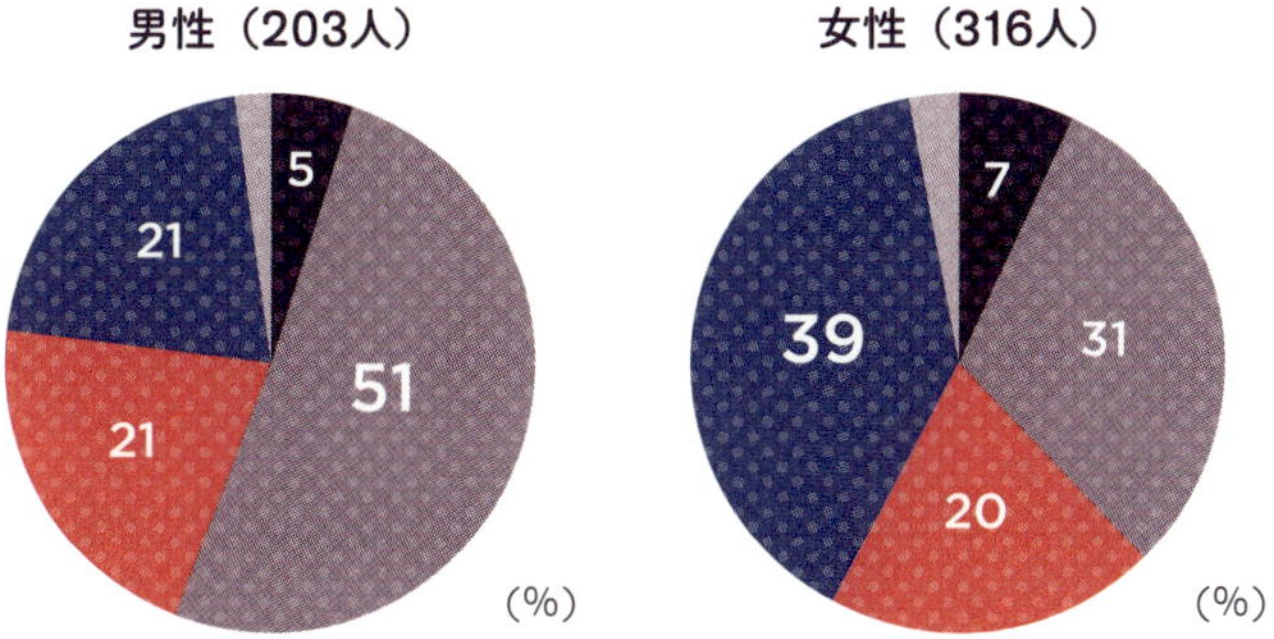

■ A・B、両方ともおかしい（全体6%）
■ A・B、両方とも正しい（全体39%）
■ Aは正しいが、Bはおかしい（全体20%）
■ Bは正しいが、Aはおかしい（全体32%）
■ わからない

（2016年4月〜5月実施、NHK放送文化研究所ウェブアンケート、519人回答）

全体としては「両方とも正しい」（39%）が主流でした。ところが女性では、「"上りました" は正しいが、"達しました" はおかしい」（39%）が、「両方とも正しい」（31%）を上回ってトップだったのです。「達しました」が持つ「（死者数の）新記録」というようなイメージに、女性は悪い印象を覚える傾向が強いのかもしれません。

23

「先月」？「1か月前」？

Q

「○○さんは先月、ここに来たことがあります。」という言い方は、どこか落ち着かない感じがします。

A

今回のような場合には、たとえば「○○さんは1か月前、ここに来たことがあります。」とすると、より安定感のある言い方になります。「先月」と「1か月前」は意味としては非常に似ているのですが、使い方が異なる場合があります。

まず、「～たことがあります」について、少し考えてみましょう。

これは、個人の経験を表す言い回しです。このことばを使うときには、いくつかの条件があります。

①何回も起こっているようなできごとについては、使いにくい
②現時点から近すぎる時期のできごとについては、使いにくい
③現時点からどのくらい前のことなのかを言う場合、わかるのであればより具体的な時期を示したほうがよい

まず①について述べると、たとえば「学校に来たことがあります」と言った場合には、その人はふだん学校には（めったに）来ない人だということが前提になっているはずです。
②に関しては、「きのうここに来たことがあります」とは言いにくいと思います。「（先週／先月／去年）ここに来たことがあります」のような言い方では、状況や話題にもよりますが、現在からのへだたりが大きくなるにしたがって、少しずつ自然に感じられてくることがわかるでしょう。「～たことがあります」は、認識として「現在とはまったく別のとき」のように把握できる場合に使えるのだと言えそうです。

③については、「先月」と「1か月前」の微妙な意味の違いが関連してきます。たとえば2月15日を基準に考えてみると、この2月15日の時点での「先月」は1月1日から31日までの長い期間を表すのに対して、「1か月前」は1月15日を中心とした数日間を指します。

つまり、相対的には「1か月前」のほうが厳密・具体的な表現ということになります。まだきちんと分析できておらずくやしいのですが、個人の「経験」の時期を表す場合には、どちらかというとピンポイントに近い言い方が好まれるようなのです。

なお、「～たことがあります」ではなく「～ました」という言い方の場合には、こうした条件は関係なさそうです。「先月ここに来ました」はまったく問題ありません。

今回の問題については、これからもっと整理してお伝えできるように努力いたします。この程度の説明だと「あのコラムは役にたつと思ったこともありますよ」と言われてしまいそうなので。

4時間目

音楽

発音が変わる日本語

24

「場所とり」？「場所どり」？

Q

「場所取り」ということばは、「場所とり」でしょうか、「場所どり」でしょうか。手元の国語辞典や発音アクセント辞典を見たのですが、載っていませんでした。

A

「場所とり」となるのが一般的だと思います。これは「連濁《れんだく》・非連濁《ひれんだく》」という問題です。「連濁」が起こるかどうかは、やや「気まぐれ」なところがある一方で、ある程度の傾向は指摘することができます。

ある語と語が組み合わさって「複合語」になったとき、後ろの語の先頭部分の音が「澄んだ音」から「濁った音」に変化する現象のことを、「連濁」と言います。連濁は、同じような状況でも、起こったり起こらなかったりします。

▼【ふつうは連濁する例】焼き＋さかな（魚）＝焼きざかな、焼きがき（牡蠣）、焼きがし（菓子）、焼きぐし（串）、焼きぐり（栗）、焼きざけ（鮭）、焼きざら（皿）、焼きどうふ（豆腐）、…

▼【ふつうは連濁しない例】焼き＋さば（鯖）＝焼きさば（×焼きざば）
焼ききのこ（×焼きぎのこ）、焼きキャベツ（×焼きギャベツ）、焼きしお（×焼きじお）、
焼きしめじ（×焼きじめじ）、焼きしらこ（白子）（×焼きじらこ）、焼きそば（×焼きぞば）、
焼きたまねぎ（×焼きだまねぎ）、焼きたらこ（×焼きだらこ）、焼きちくわ（×焼きぢくわ）、
焼きとうもろこし（×焼きどうもろこし）、焼きトマト（×焼きドマト）、焼きとり（×焼きどり）、
焼きふ（麩）（×焼きぶ）、焼きほたて（×焼きぼたて）、…

さて、どうもやっかいですね。

連濁が起こりにくいときの要因・条件として、これまで、

①「後ろの部分がすでに濁音を含んでいる場合(これは「ライマンの法則」と呼ばれています)」
(「焼きさば」「焼きそば」など)

②「後ろの部分がすでに複合語である場合」(「焼きしらこ」「焼きたらこ」など)

③「後ろの部分が外来語である場合」(「焼きキャベツ」「焼きトマト」など)

とさまざまなものが指摘されていますが、説明がつかない例も多く、混迷を極めています。

これら以外に、

④「意味的に、後ろの部分にとって、前の部分が『目的格』に相当する場合」には連濁が起こりにくい

という趣旨の要因・条件も指摘されています。※「〜取り」を例に見てみましょう。

▼【ふつうは連濁する例】朝取り、足取り、いいとこ取り、隈《くま》取り、位取り、先取り、下取り、総取り、段取り、手取り、日取り、縁《ふち》取り、本歌取り、間取り、横取り、乱取り、…

▼【ふつうは連濁しない例】明かり取り、汗取り、跡取り、脂取り、あや取り、命取り、お水取り、音頭取り、かじ取り、粕《かす》取り、カルタ取り、草取り、月給取り、借金取り、しり取り、すもう取り、ちり取り、手取り足取り、点取り虫、人気取り、ねずみ取り、ノミ取

り、星取り、虫取り、面取り、…

こう見てみると、連濁をしない例のほうは、「明かり取り（＝明かりを取る）」「汗取り（＝汗を取る）」「脂取り（＝脂を取る）」、…のように、前の部分が「目的格」に相当するものであることが確認できます。一方、連濁する例のほうは「朝取り（＝朝に取る）」「先取り（＝先に取る）」「手取り（＝手に取る）」「横取り（＝横から取る）」のように、「目的格」には当たらないものが多く含まれています。

ここから考えると、意味的に「場所を取る」である「場所取り」は目的格ですから、連濁を起こさない「場所とり」のほうが、どちらかというとよいように思います。また、もし「アポ取り」ということばを読む必要がある場合、これは「アポを取る」ということですから、同じように連濁を起こさない「アポとり」のほうが「アポどり」よりもよいでしょう。

以上、能書《が》きばかりでしたが、ことば遣《づか》いの手助《だす》けになればと心掛《が》けて注意深《ぶか》く書いたつもりです。

※佐藤大和（1989）「複合語におけるアクセント規則と連濁規則」『講座 日本語と日本語教育（2）日本語の音声・音韻（上）』

25

「だししょうゆ」？「だしじょうゆ」？

Q

「だしの入ったしょうゆ」は、「だししょうゆ」でしょうか、「だしじょうゆ」でしょうか。

A

とてもむずかしい問題です。「どちらもありうる」とお答えするしかありません。ただしもしかすると、「だしとしょうゆの分量的なバランス（配合の度合い）」もかかわっている可能性があるのではないかと、個人的に思っています。

前の項で「場所取り」ということばの読み方を取り上げましたが、『『連濁』が起こるかどうかは、やや『気まぐれ』なところがある』ということを記しました。

「気まぐれ」なものとしては、この「場所取り」以外にも、「青紫蘇・渓流釣り・飲み口」や「羽根布団・封切り・過不足」などが挙げられます。（詳しくは、『放送研究と調査』２０２１年１月号、２０２２年１月号をご覧ください）

連濁が起こるかどうか（たとえば「アオシソ」なのか「アオジソ」なのか）が人によってまちまちであることばが、日本語にはたくさんあるのです。

また「声掛け」ということばは、このままだと「コエカケ」（連濁を起こしていない形）と言う人が多いのですが、（調査実施時期が7年違いますが）「お」が付いて「お声掛け」となると連濁の「オコエガケ」と言う人のほうが多くなるという、とても不思議な現象が見られます。

さて、ご質問の「だししょうゆ・だしじょうゆ」について考えてみます。

うしろに「…醤油（しょうゆ・じょうゆ）」という部分があることばを、見てみましょう。

「【お】声掛け」

[2014年調査]「近所の人に声掛けする」

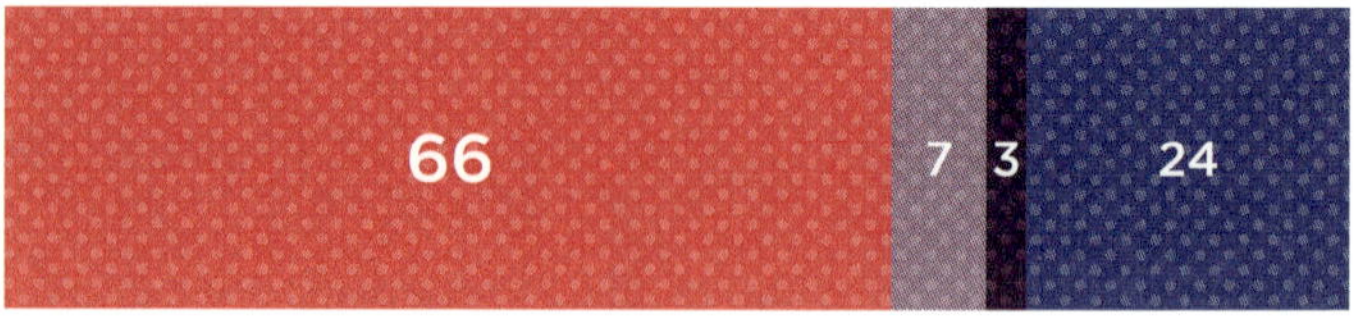

[2021年調査]「近所の人にお声掛けする」

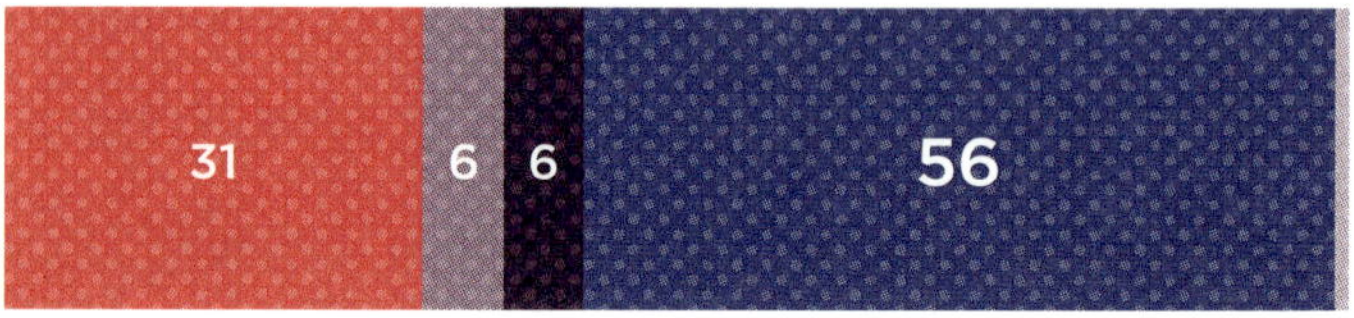

(%)

- 【オ】コエカケと言う
- 【オ】コエカケと言うことのほうが多い
- 【オ】コエガケと言うことのほうが多い
- 【オ】コエガケと言う
- このことばを知らない・わからない

(2014年1月実施、全国1,339人回答[計画標本数2,000、有効回答率67.0%])
(2021年2月実施、全国1,208人回答[計画標本数4,000、有効回答率30.2%])

主流派に着目すると、「コエカケ(非連濁)」に対して「オコエガケ(連濁)」なのですが、「お」のありなしで連濁するかしないかの割合がこれほどまで違う理由、現段階ではまったくわかっていません。

▼「…しょうゆ」（非連濁）　薄口～、減塩～、濃い口～、昆布～、白《しろ》～、豚骨～、生《なま》～、ポン酢～

▼「…じょうゆ」（連濁）　おろし～、掛け～*、からし～*、生《き》～*、刺身～、砂糖～、しょうが～、酢～*、たまり～*、付け～、わさび～*

▼「…しょうゆ・…じょうゆ」（非連濁・連濁両方）　いかなご～、にんにく～

［*は『NHK日本語発音アクセント新辞典』に掲載のある語］

ご覧のとおり、連濁するかどうかは、ことばによってさまざまです。

ただ、傾向として言えそうなことに、連濁「…じょうゆ」のほうは、「しょうゆに、何か別のものをちょっとだけ付け加えた」ものが多いというようなことがあります（「おろし～、からし～、砂糖～、しょうが～、酢～、わさび～」など）。

それに対して、「別のものをかなり大量に合わせた」ものは、非連濁「…しょうゆ」になっているような気がします（「昆布～、豚骨～［ラーメンの種類の一つで、しょうゆ味の豚骨スープ］、ポン酢〜」)。

また、「しょうゆそのものの性質」を示すものも、非連濁「…しょうゆ」が多いようです(「薄口〜、減塩〜、濃い口〜、白《しろ》〜、生《なま》〜」)。

これはまったく個人的な語感かもしれませんが、たとえば連濁「バタージょうゆ味」は「バターの風味がほのかに感じられる、しょうゆ味」で、非連濁「バターしょうゆ味」は「バターがしょうゆと同じくらい大量に入っていて、かなり濃厚な味」であるようにぼくには感じられます。ただし、「だししょうゆ・だしじょうゆ」にも同じような傾向があるのかどうか、まだよくわかりません。

連濁の問題は、今後、もう少し時間をかけて、調べていきます。ただ、「しょうゆ」の話だけに、かけすぎには注意します。

26

「朱色」は、シュイロ？ シューイロ？

Q

「朱色」ということばは、シュイロと読むのでしょうか、シューイロと読むのでしょうか。

A

シューイロという発音も用いられていますが、シュイロのほうが一般的です。「朱色」については、調査の結果、「シュイロと言う」という人が7割近くになりました。「朱」はシュ、「色」はイロと読むからシュイロだということになり、一見、当たり前に感じられます。ですが、その背景はそれほど単純ではないのです。

もともとシュイロという発音をもつことばがシューイロのように長く発音されることを、「長呼《ちょうこ》」と言います。同じように長呼がよく起こることばとして、かつて前著『変わる日本語、それでも変わらない日本語』（p.94）でも取り上げた「女王」があります。ジョーオーは実際にはよく使われているのですが、今のところ、漢字どおりに読んだジョオーのほうが規範的な形だということになっています。

「朱色」　シュイロ　［長呼］シューイロ
「女王」　ジョオー　［長呼］ジョーオー

しかし、ほかのことばの中には、（漢字どおりの読み方ではなく）長呼の形しか現代では使わないものもあるのです。

「夫婦」　フフ　［長呼］フーフ
「詩歌」　シカ　［長呼］シーカ
「女房」　ニョボー　［長呼］ニョーボー（ニョーボとも）

こちらのほうは、歴史的に定着しているからという理由で、長呼のものが規範形になっています。また、次のようなものも、長呼の形のほうがなじみがあります。

「月火水」ゲツカスイ　［長呼］ゲツカースイ
「金土日」キンドニチ　［長呼］キンドーニチ
（ただし「土日」は、長呼を起こさないドニチが一般的）

さらに、小数を含む数字「2・6」「5・6」などが長呼の形でニーテンロク、ゴーテンロクとなるのも、同じ現象として説明することができるでしょう。

このように長呼は、短い1拍の音の部分が長くなる現象なのですが、1拍の音であれば常に起こるというわけではありません。むしろふつうは起こらない場合のほうが多いようです。

「黄色」キイロ　×キーイロ
「茶色」チャイロ　×チャーイロ
「魔王」マオー　×マーオー
「仁王」ニオー　×ニーオー

ややこしいお話でしたが、ご理解いただけたでしょうか。一応、気（キー）使って書いたつもりです。

「【朱色】のセーター」をどう言うか

図1　（全体）

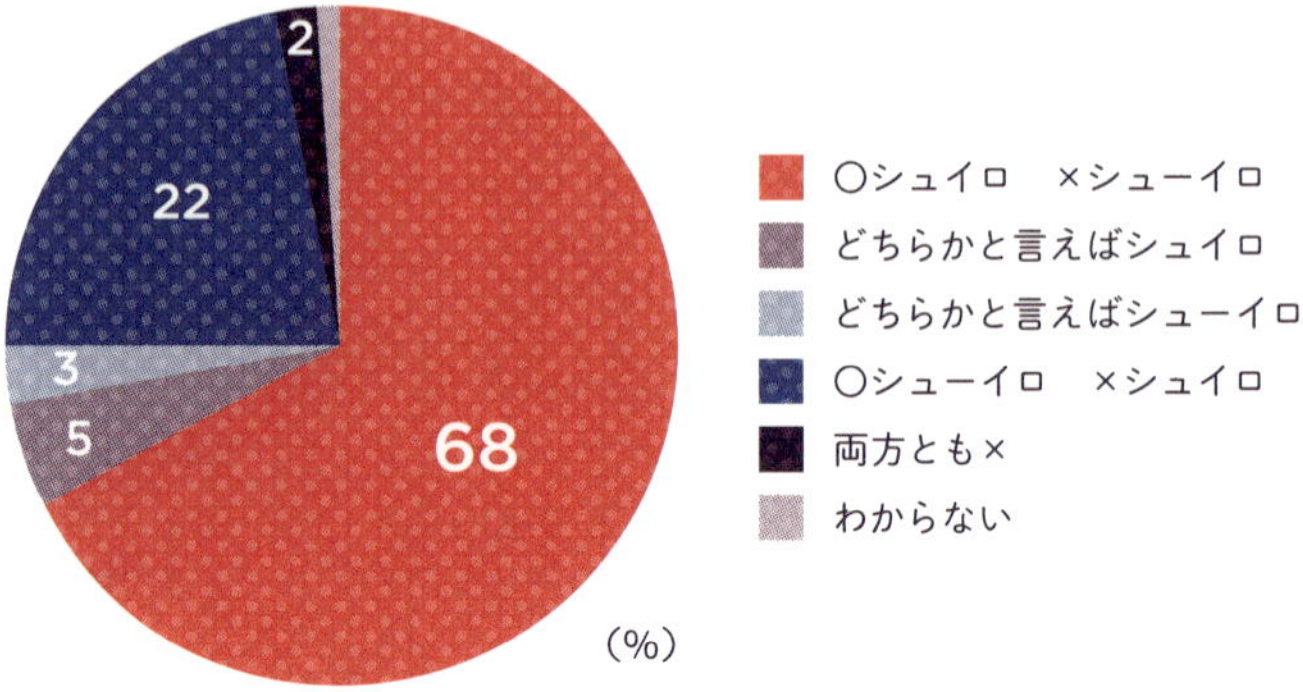

68
22
5
3
2
○シュイロ　×シューイロ
どちらかと言えばシュイロ
どちらかと言えばシューイロ
○シューイロ　×シュイロ
両方とも×
わからない
（%）

図2　（年代別）

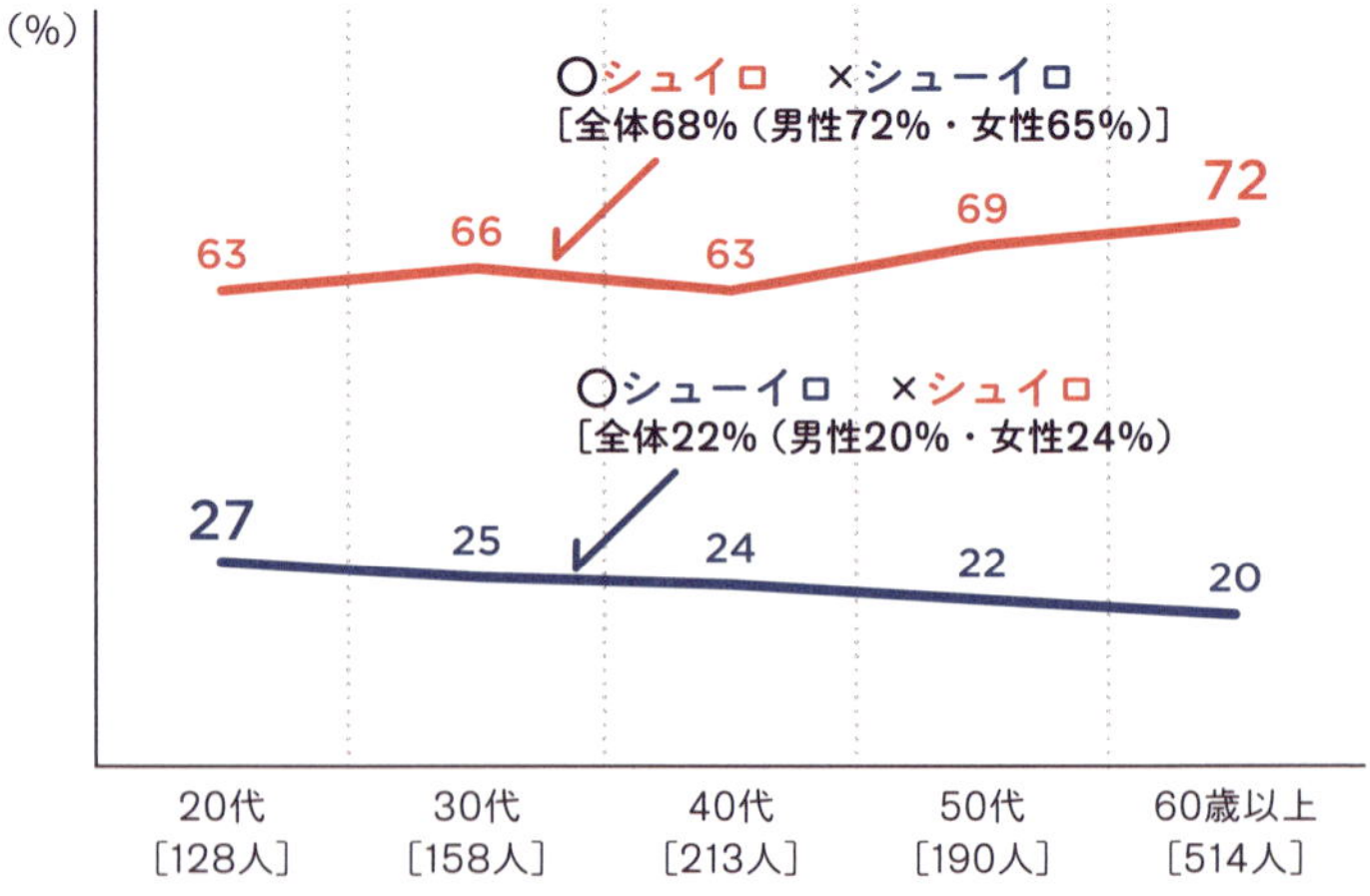

（%）
○シュイロ　×シューイロ
［全体68%（男性72%・女性65%）］
63
66
63
69
72
○シューイロ　×シュイロ
［全体22%（男性20%・女性24%）］
27
25
24
22
20
20代［128人］
30代［158人］
40代［213人］
50代［190人］
60歳以上［514人］

（2019年6月実施、全国1,203人回答［計画標本数4,000、有効回答率30.1%］）

27

何人=なにじん？ なんにん？

Q

「その地域に住んでいるのは何人ですか」と書いたところ、どう読んだらよいのかわからない、と指摘されました。

A

「何人」の読み方についての問題ですね。これは「ナニジン」とも「ナンニン」とも読めますが、どう読むかによって意味が変わってきます。誤解のおそれがあるときには、ひらがなで書くか、別の言い方をするなどの工夫が必要でしょう。

漢字「何」は、訓読みとしては「ナニ」「ナン」の2通りがあります。「ナン」という読み方は、特別な場合に用いられるものです。では、どのように「特別」な場合に、「ナン」と読まれるのでしょうか。「何」の読み方について、大まかな傾向を考えてみます。

まず「ナニ」と読む場合は、「どんな（もの）」（＝what kind of, which）という意味で用いられるのが一般的です。「質」にかかわる、と言えます。

何色（ナニイロ）、何県（ナニケン）、何部（ナニブ）

一方「ナン」と読むことばには、「いくつ」（＝how many）という意味のものが多いのです。「数」にかかわる、と言えます。

何色（ナンショク）、何県（ナンケン）、何部（ナンブ）

ですから、たとえば「そのボールペンは何色ですか」という問いも、「ナニイロ」と読めば「赤／黒／…」という答えになるでしょうし、「ナンショク」であれば「3色／4色／…」ということになります。

同じように、今回の質問「何人」については、「ナニジン」だと「どんな民族・国籍なのか」、「ナンニン」では「人数はどのくらいなのか」、を尋ねていることになります。

何組＝なにぐみ？　なんくみ？

Q

「何」という漢字は、「なに」と読むときと「なん」と読むときがありますが、その区別がよくわかりません。

A

「何」は、うしろにどんなことばが来るかによって、読み方が変わることがあります。
また、あらたまった場面か、くだけた場面かによっても違いがあります。

前の項「何人＝なにじん？　なんにん？」でも取り上げましたが、うしろに名詞がある場合には、だいたい、次のような傾向があります。

(a)「どの・どんな」といった意味の場合（＝what kind of, which）

↓「ナニ」

何色（ナニイロ）、何県（ナニケン）、何部（ナニブ）

(b) 数字にかかわる場合（＝how many）

↓「ナン」

何色（ナンショク）、何県（ナンケン）、何部（ナンブ）

たとえば、保育園や幼稚園のクラスの呼び名は、「あじさい組、つつじ組、ばら組…」のようになっていることがあります。この場合、「どの組なのか」を尋ねる場合には、

「ナニぐみですか？」

と言うでしょう。

一方、小学校より上では、「1組、2組、3組…」のように数字によるものが多いようです。

この場合には、

「ナンくみですか?」

と尋ねるのではないでしょうか。

次に、うしろに来るのが名詞以外の場合には、残念ながら、あまりはっきりとした傾向は断言できません。

①どんな場合でも「ナニ〜」と発音するもの

ナニが　ナニを　ナニから　ナニかと　ナニくわぬ　ナニげない　ナニさま　ナニより

②どんな場合でも「ナン〜」と発音するもの

ナンの　ナンら　ナンて　ナンだか　ナンとしても　ナンですか

③あらたまった場面では「ナニ〜」、くだけた場面では「ナン〜」と発音するもの

ナニに／ナンに　ナニか／ナンか　ナニかしら／ナンかしら　ナニせ／ナンせ

ここに挙げたことばは、一つ一つ読み方を覚えるしかないようなのですが、それでもナンらかの参考になればナニよりです。

29

「アイデア」?「アイディア」?

Q

「アイデア」と「アイディア」は、どちらを使うのがよいのでしょうか。

A

現時点での放送用語としては、〈アイデア〉と発音して「アイデア」と書くことをおすすめしています。

そのことばを「どう発音しているのか」がまずは重要で、その発音となるべくへだたりの小さい書き方をすることが大切だと考えています。

〔アイデア〜アイディア〕は、英語から借用した外来語です。元の英語〝idea〟の発音には、〔アイディア〕のほうが近いと思います。

ですが、「外来語・借用語」というのは、「英語」ではなく「(すでに)日本語」なのです(↑ここ大切)。「元の英語の発音」と、「日本語としてどういう形で定着し、使われているか」ということの、両方が重要になってきます。

『NHKことばのハンドブック　第2版』では、外来語の発音と表記について、こんなふうに示しています(p.221)。

② 原音とは異なる慣用が熟しているものは、慣用の形を尊重する。

② ①に示したような慣用が熟していないものは、なるべく原音に近い形にする。

ざっくり言うと、

まず、ある形で使うことが日本語として習慣的に定着しているものは、それを使う。

で、そうじゃないものについては、なるべく借用元(多くの場合は英語)の発音に近い形を使う。

というふうになります。

わかりやすい例として、〝design〟を取り上げてみます。

これは、元の英語の発音に近づけようとすれば〔ディザイン〕となるはずです。ですが、日本語でこのように発音する人は、あまりいないように思います。

つまり、〔デザイン〕で定着しているので、放送でも〔デザイン〕と言います。

また、放送用語での考え方としては、あることばに関して、まずは「どう発音するのか」を重視した上で、第二段階として「その発音をなるべく忠実に文字で表記する」というのが基本です。「発音」と「表記」を、ばらばらには考えません。〔デザイン〕と発音するなら「デザイン」と書くし、もし〔ディザイン〕と発音するのであれば「ディザイン」と書く、ということにしています。

さて、今回の〔アイデア〜アイディア〕ですが、これは〔デザイン〜ディザイン〕とは少し違って、現在では、日本語として実際に〔アイデア〕と言う人と、〔アイディア〕と言う人の、どちらか一方だけが圧倒的ということでもなさそうです。

ウェブ上でおこなったアンケートでは、「〔アイデア〕と発音し「アイデア」と書く」という人が、全体の半数近くになりました。ただし、比較的若い層では、「〔アイディア〕と発音し「アイデア」と書く」という「発音と表記の不一致」に当たる回答もかなり多くなっています。

冒頭で「現時点での放送用語としては、〔アイデア〕と発音して「アイデア」と書くことをおすすめしています」と書いたのは、しばらくは今のままで大丈夫そうなのですが、こういうような実態を考えると、この「おすすめ」は将来変わるかもしれないからです。

そのころには、〔ディザイン〕〔ディリバリー〕〔ディポズィット〕などの発音もふつうになっているのでしょうか。「アイデア」の話だけに、思いつきで語ってしまっていますが。

「アイデア」？　「アイディア」？

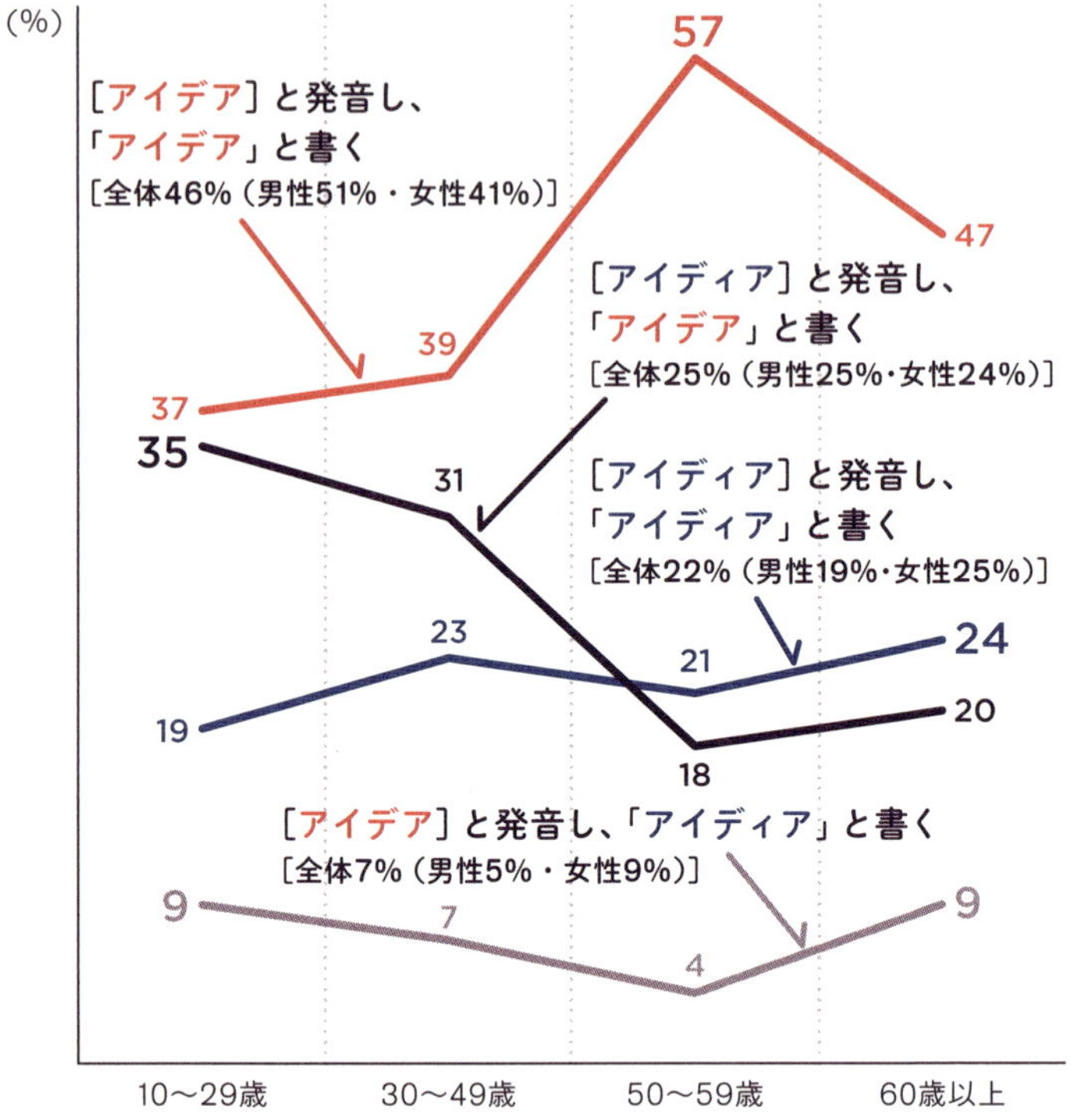

（2018年5月〜6月実施、NHK放送文化研究所ウェブアンケート、348人回答）

「アコーデオン〜アコーディオン」「カーデガン〜カーディガン」などはどちらのほうがふさわしい形なのか、デスカッションしましょうか。

給食

日本語を味わう

給食

30

「空揚げ」？「唐揚げ」？

Q

料理の「からあげ」は、「から揚げ」「空揚げ」と書いたほうがよくて、「唐揚げ」と書いてはいけないのでしょうか。

A

「唐揚げ」と書いても差し支えありません。ただし、「唐揚げ」とは書かないという立場にはそれなりの根拠があります。この食べものが中国の「唐の国」とは直接の関係がないからというのがその理由です。

現代の実態としては、一般に「唐揚げ」と書かれることがたいへん多くなっています。

まず漢字表記に限って言うと、日本の史料には「空揚（げ）」よりも「唐揚（げ）」のほうが先に出現していると言われています（『日本料理由来事典』同朋舎出版）。江戸時代に「普茶《ふちゃ》料理」（精進料理の一種）というものが中国から伝えられましたが、この当時日本で出された料理書には「唐揚」というものが見られるそうです。ただし、これは「豆腐を小さく切り油で揚げ、さらに醤油と酒で煮たもの」で、この食べものが現代の「からあげ」と直接の関係があるのかどうか、よくわかりません。

その後明治以降になると、「虚揚」や「空揚」といった漢字表記の料理名（魚や肉を揚げたもの）が見られるようになります。これは、てんぷらなどとは違って衣を付けずに（あるいは食材から出る水分をおさえる程度の片栗粉などをまぶして）揚げたもので、「衣が『虚・空（から）』」だからこのように書かれたのでしょう。この調理法は、現代の「からあげ」に通じます。

戦後のテレビ放送では、最初は「から揚げ」という書き方のみを認めていました。その後1973年に国で漢字の読み方を示したルールが新たに改定され（「当用漢字改定音訓表」）、そこで「空」という漢字を「そら」だけでなく「から」と読んでもよいことになった結果、「空揚げ」という書き方も認められるようになったのです。

しかし、ウェブ上でおこなったアンケートの結果では、「空揚げ」ではなく「唐揚げ」という書き方のほうを自然だと感じる人がたいへん多く、若い世代では特にその傾向が強いことがわかりました。

「空（から）〜」ということばは、「空威張り・空くじ・空元気・空手形・空回り」のように、いい意味で使われることが少ないものです。こうしたイメージが、「空揚げ」という漢字表記を避けて「唐揚げ」に移行してゆく原動力になっているのかもしれません。

要するに、現代では「から揚げ」「空揚げ」「唐揚げ」のどの書き方でもかまわないという、大したことのない結論になりました。かなり張り切っていろいろ書いた割には、空振《から》りでしたかね。

「からあげ」は……？

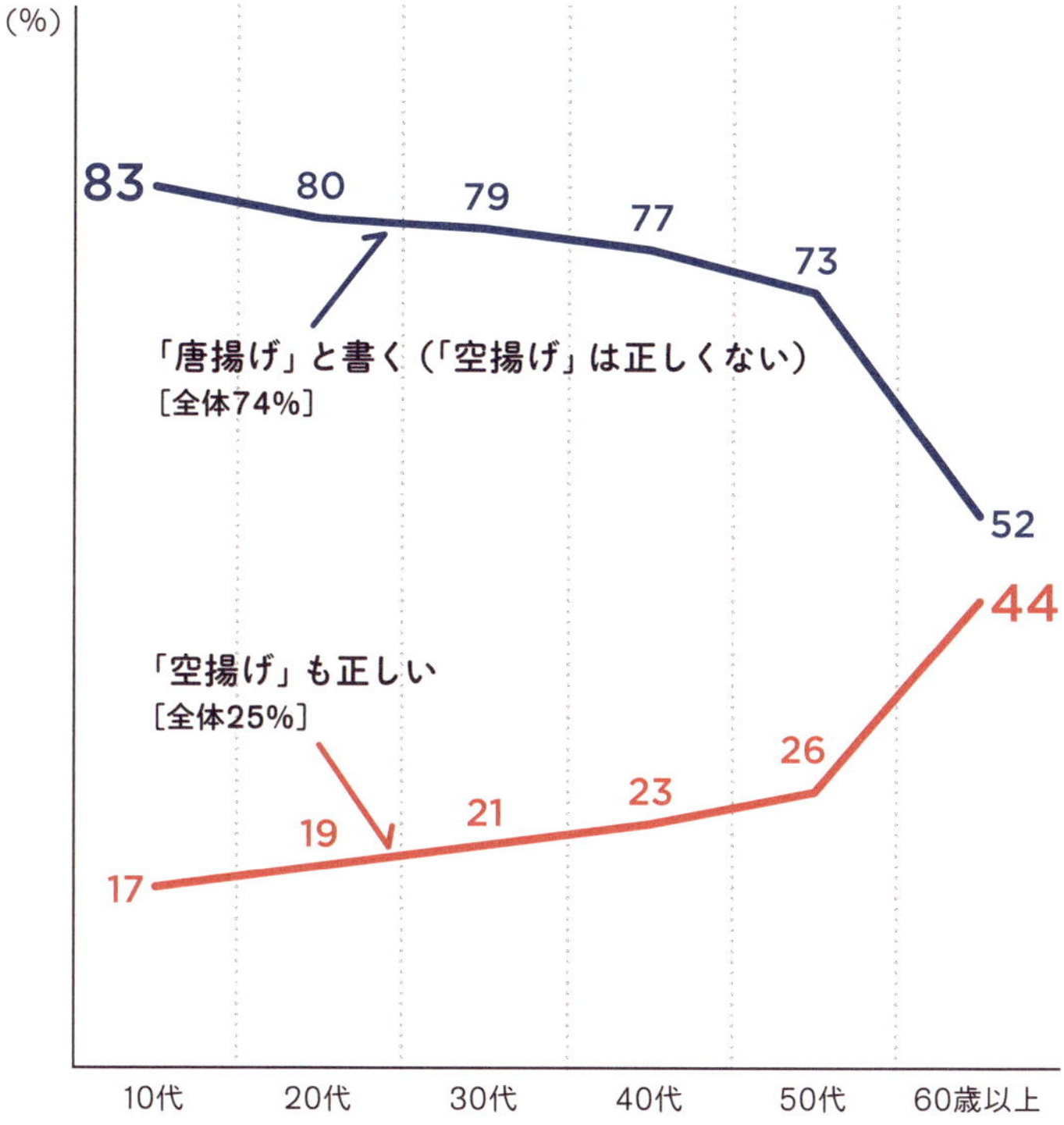

（2008年9月〜10月実施、NHK放送文化研究所ウェブアンケート、1,072人回答）

なお、2013年にあらためておこなった調査の結果でも、これと同じ年代別傾向が確認されました。「『唐揚げ』と書く（『空揚げ』は正しくない）」は、全体では73%でしたが、20代（163人）では81%と多いのに対して、60歳以上（463人）では67%でした。（2013年3月実施、全国1,241人回答［計画標本数4,000、有効回答率31.0%］、『放送研究と調査』2013年9月号）

31

「しょうゆ」？「醤油」？「正油」？

Q

しょうゆを「正油」と書いてはいけないのでしょうか。

A

放送に限って言うと、「しょうゆ」とひらがなで書くことになっています。「正油」という書き方は、必ずしも全国的になじみのあるものではないと考えられているからです。

しょうゆの正式な漢字表記は、「醤油」です。しかし「醤」は少々むずかしい字で、国が定めた「常用漢字表」にも入っていません。

そのため、「醤」の代わりに「正」を用いた「正油」という「代用表記」も、一般には使われています。

「正」は「常用漢字表」に含まれている字で、「正月・正午・毎正時・正体」のように「しょう」という読み方もあります。

ここからすると、「正油」という漢字表記には問題がなさそうにも思えるのですが、国語辞典の中には「ぞくじ【俗字】…漢字の、正しくないとされる使い方。「醤油」を「正油」、「波瀾」を「波乱」とするなど。」(『新明解国語辞典(第八版)』)と示しているものもあります。

1966(昭和41)年のある雑誌に、次のような投稿があります(佐竹秀雄『言語生活の目』から再録)。

学生食堂で、生卵にソースをかけてしまってくやしがるうっかりものが絶えなかった。

そこで食堂側の親心、それぞれの小びんに「ソース」「正油」と書いてくれた。〈間違わずこの正しい方を生卵におかけ下さい〉ということか！（仙台市　○○さん）」

ここから、このころは「正油」という書き方は（まだ）めずらしいものだったことがうかがわれます。

「正油」という書き方をするかどうかには、地域差もあるようです。

もし漢字で書くとしたらどう書くかについて、ウェブ上でアンケートをおこなってみたところ、西日本には「『正油』とは書かない」という人がかなり多いことがわかりました。

つまり、「正油」はかならずしも全国的に用いられている表記ではなく、また「醬油」は使わないことにしてある漢字なので、放送では「しょうゆ」とひらがなで書くことになっているのです。こういうオチにはしたくなかったのですが、しょうゆうことです。

漢字では「醤油」と書く（「正油」とは書かない）

（全体47%）

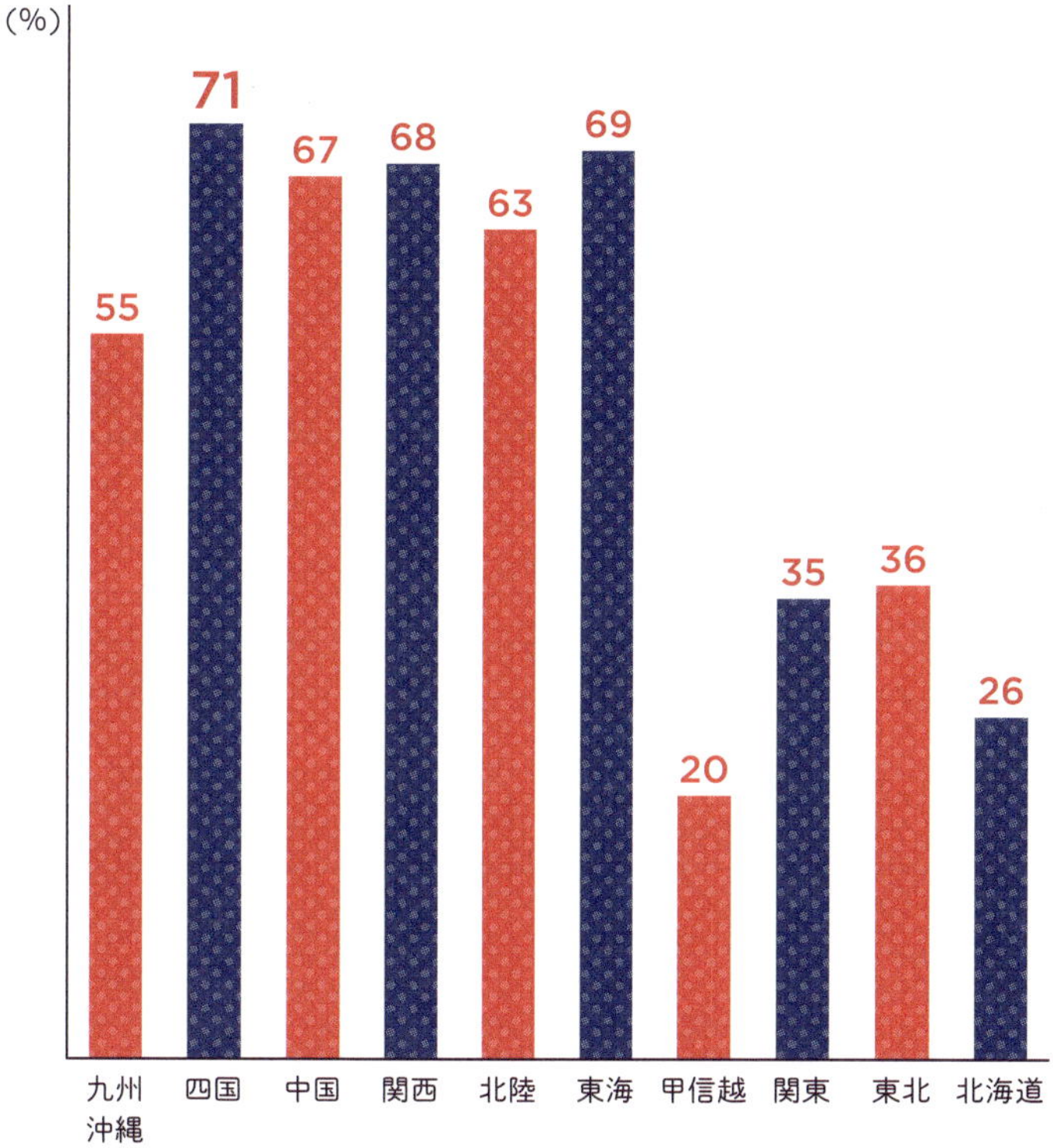

（2009年9月〜10月実施、NHK放送文化研究所ウェブアンケート、563人回答）

なお、2013年にあらためておこなった調査の結果でも、これと同じ傾向が確認されました。「『醤油』と書く（『正油』は正しくない）」は、西日本（「九州沖縄・四国・中国・関西・北陸・東海」[629人]）が66%、東日本（「甲信越・関東・東北・北海道」[612人]）が43%でした。（2013年3月実施、全国1,241人回答［計画標本数4,000、有効回答率31.0%］、『放送研究と調査』2013年9月号）

「水を『ひたひたに』注ぐ」？

Q

料理をするときに「水を『ひたひたに』注ぐ」と言われたら、どのくらいの分量の水を注げばよいのでしょうか。

A

「ひたひた」は、「鍋などに入れた材料の上の部分が、水面から出るか出ないか（あるいは、少し出ている・見え隠れしている状態）」ぐらいの水の量のことを表します。くれぐれも、水を入れすぎないでくださいね。

具体的に見ていきましょう。

フライパンに鶏肉を酒と一緒に入れ、ヒタヒタの水を加える。ふたをして弱火にかけ、鶏肉の表面が白くなってきたら、えびを加える。

（「豆腐クリームのお好みあえ」Eテレ2018（平成30）年2月6日放送、『NHKテキストきょうの料理』2018年2月号p.53）

さてここでみなさん、フライパンからあふれそうになるくらいの水を加えたらダメですよ。「ひたひた」は、「浸る」と同じ語源です。「浸る」は「あるものが液体の中に（完全にではなく）一部だけつかる」ということです。ですがどうも最近、「ひたひた」の意味を「（水などの液体を）たっぷり入れる」ということだと受け止める人が多くなっているようです。

……巻き寿司を、こう、箸で崩しながら、醤油をどばどばかけて食ってるんだよ、皿に醤油がひたひたになってて、シャリもネタも海苔もぐちゃぐちゃに混ざっちゃって、……

（村上龍『ライン』p.86、幻冬舎、1998（平成10）年）

たとえばこの例での「ひたひた」は、米粒がつかってしまうくらいの醤油の量である様子を表しているのですが、人によっては、醤油が皿のふちギリギリにまで入っていると思ってしまうようです。こういうとらえ方に対して、この「ひたひた」ということばに新しい意味が加わってきたのだ、というように解釈することもできなくはないのですが、これは本来の意味とはかなり異なっているし、また実際にトラブルを招く（料理を失敗する）おそれが大きいので、要注意です。

ウェブ上でアンケートをおこなってみたところ、「ひたひた」の本来の用法（＝材料がかくれる程度）のみを支持する人は女性に特に多く、また比較的年代の高い層に多いということがはっきりしました。

レシピなどで、「ひたひた」という表現は、最終的には煮汁をあまり残さないようにして煮詰めるスタイルの煮物を作るときによく使われています。

一方、煮汁を残すようなタイプの薄味の煮物を作ったり、またゆで卵を作ったりするときなどには「かぶるくらい（の水）」、そして材料が水の中に完全につかるような形で野菜をゆでるときには「たっぷり（の水）」という言い方をすることが多いようです。

ぼくにもおいしい料理が作れるかも。書いててそんな気になってきました。うまくいくかどうか、今後がニモノです。

「材料を入れたなべに、水を【ひたひたに】入れる」は……
A 「材料がかくれる程度の水を入れる」という意味
B 「なべからあふれる手前まで水を入れる」という意味

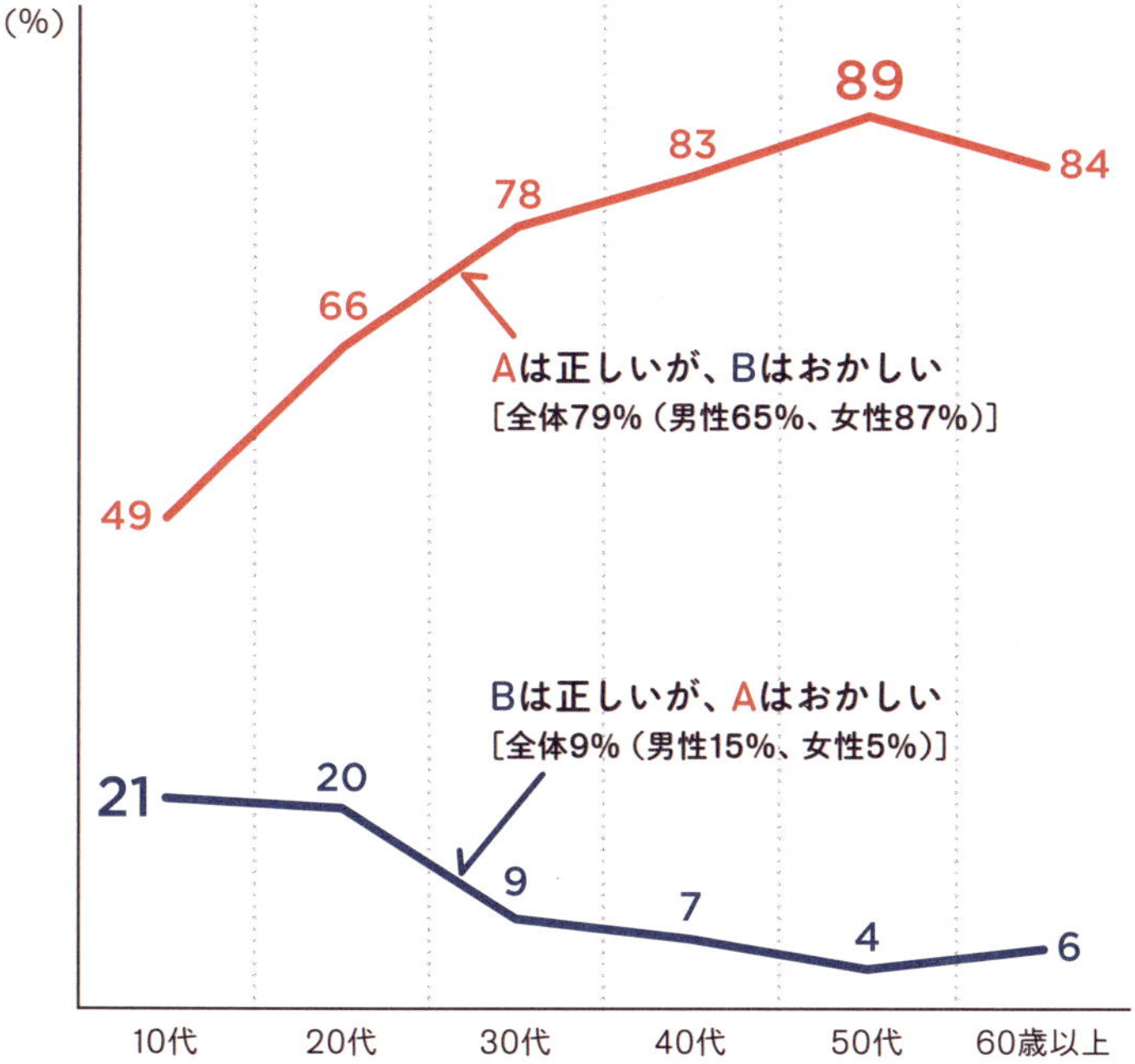

(2015年8月〜9月実施、NHK放送文化研究所ウェブアンケート、966人回答)

Aの回答は10代では49%とたいへん少ないですが、彼らが年を重ねていっても同じように考え続ける(この場合は「ひたひた」の「意味が変化する」ことにつながる)のかどうかは、はっきりしたことは断言できません。このあと料理の経験を積んでいくと、Aのように考える人が少しずつ多くなるのではないかと予想しています。

33

カレーの「ルー」?

Q

カレーライスを注文するときに「ルーを多めにしてください」と言ったところ、変な顔をされてしまいました。なにかことばの使い方が間違っていたのでしょうか。

A

カレーの「ルー」というのは、固形や粉末の「カレーのもと」のことを指すことばです。料理として出来上がっている「カレーの汁（=ご飯にかかっている部分）」のことを「ルー」と言うのは、本来はあやまりだと言われています。ですが、この用法は若い年代を中心にかなり広まってきており、社会的にも認められる段階になっているのかもしれません。

「ルー（roux）」というのは小麦粉とバターを加熱しながらまぜあわせたものですが、もともとフランス語で「赤茶色の」という意味です。赤茶色になるように火を通したから、このように呼ばれたのでしょう。とろみがあり、シチューなどにも使われます。

日本式のカレーを作る場合、戦前は各家庭で小麦粉を炒めてそこにカレー粉を加えていました。この手間を省くために、最初からカレー粉と「ルー」を合わせた商品が開発されたのです。これが、カレーの「ルー」です。

では、あの「ご飯にかかっている部分」のことは、何と呼べばよいのでしょうか。かつて軍隊では「辛《から》味《み》入《いり》汁《しる》掛《かけ》飯《めし》」と呼ばれた時期があることからもわかるように、むかしは「汁」ととらえられていたようです。

しかし、いまの日本人の感覚では「汁」と呼ぶにはあまりに「とろり」としすぎているのではないでしょうか。

「（カレー）ソース」という言い方もありますが、ご飯の上にあのように大量にかかっているものを「ソース」とは呼びにくい気持ちもあります。

「カレー」だけだと、ライスが添えられたものなのかどうか、あいまいです。

結局、適当な呼び名がないので、「ルー」ということばがその役を務めるようになったのだと思います。もともとのフランス語にはない使い方ですが、日本語になじんだ外来語の用法として、認めてもよさそうです。


インターネット上でのアンケートでは、「ルー」ということばは「カレーのもと」と「ご飯にかかっている部分」の両方とも指すことができるという人が、特に若い人の間では主流になっていました。

なお、放送では「ルウ」ではなく「ルー」と書くことになっています（次の項をご覧ください）。

カレーは若者に人気のメニューですが、50代のぼくも大好きです。食後はいつも、カレー臭に気をつけています。

カレーの「ルー」が指すものとして正しいのは……

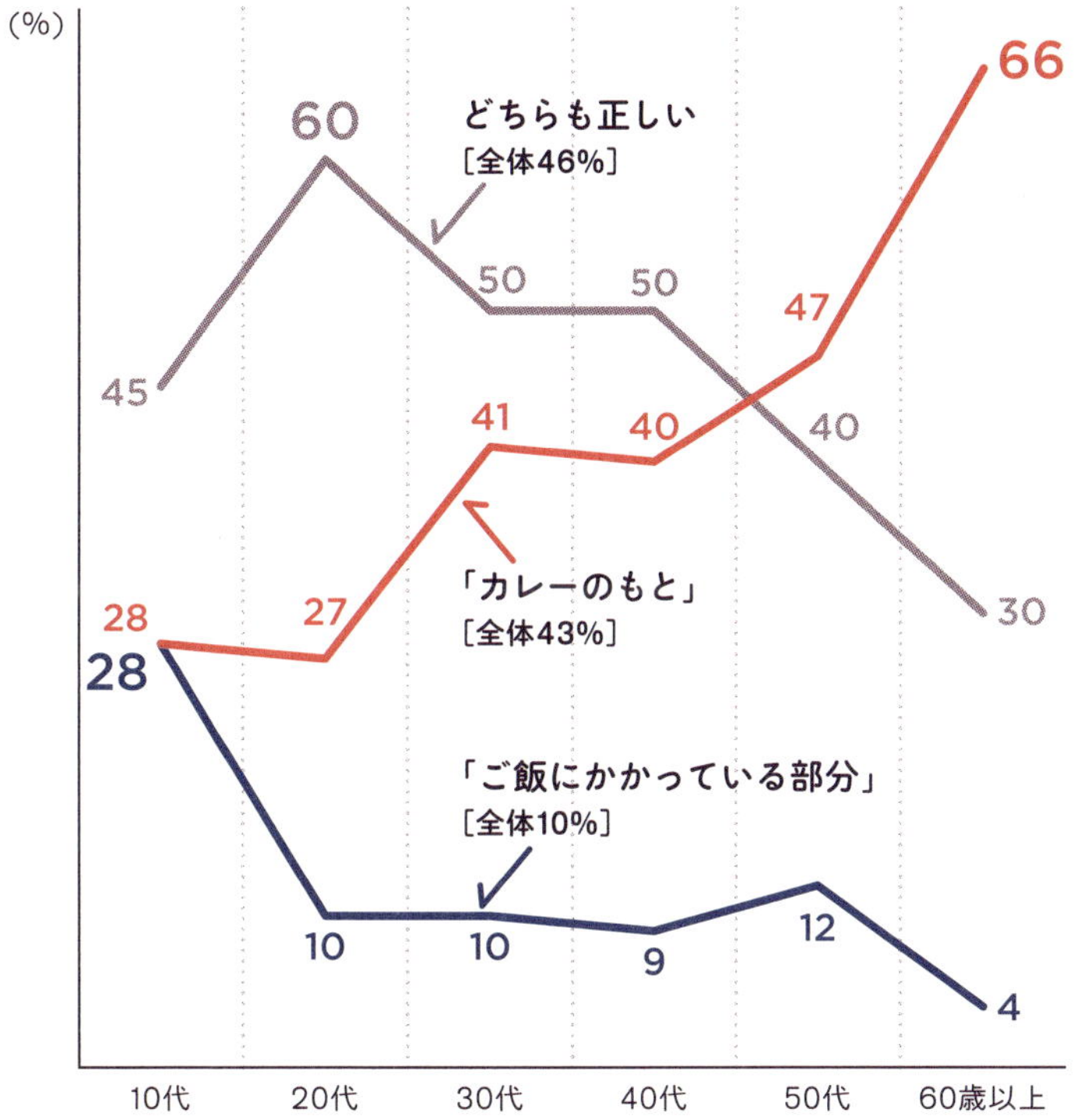

(2009年8月〜9月実施、NHK放送文化研究所ウェブアンケート、695人回答)

「ルー」はもともと小麦粉を使うもので、これによってとろりとした仕上がりになります。ところが最近は、小麦粉を使わないさらさら(しゃばしゃば)したカレーの汁のことも「ルー」と呼ぶ例が出てきていて、興味深く観察しています。

給食

34

カレーの「ルー」?「ルウ」?

Q

カレーの「ルー/ルウ/ルゥ」は、どのように書くのがよいのでしょうか。

A

カタカナ表記の原則に従えば、「ルー」がふさわしい書き方ということになります。製品名などで「ルウ」「ルゥ」といった書き方も実際には見られますが、その製品の名前を固有名詞として取り上げるのでないかぎり、「ルー」と書くのが基本です。「ルウ」あるいは「ルゥ」という書き方は、おそらく戦後に特定の食品メーカーが採用したことによって広まったのではないかと推定しています。

現代日本語では外来語をカタカナで書く場合、長音（のばす音）は「ー」を使うことになっています。例外として「ー」を使わないのは、料理で使う「ボウル」（球の「ボール」と書き分けるため）や娯楽の「ボウリング」（掘削の「ボーリング」と書き分けるため）など特別な事情があるものだけです。一方、カレーの「ルー」はフランス語"roux"から来たことばですが、これをあえて「ルウ」あるいは「ルゥ」と書くような特別な理由は見当たりません。古い資料ですが、1935（昭和10）年に出た新語辞典（『萬国新語大辞典』）にも、「ルー」という形で載せられています。

このことばの書き方についてウェブ上でアンケートをおこなってみたところ、全体としては「ルー派」が「ルウ派」を上回りました。ただしこれには男女差が見られ、女性には「ルウ派」もかなりいることがわかりました。おそらく、箱に入って売られている「ルウ」を目にしながら買い物や料理をする機会が相対的に多いことによるものでしょう。

結論は、「ルウ」も実際にはよく目にするけれども、「ルー」のほうがルールどおりの書き方だということになります。

カレーの「〇〇」は……

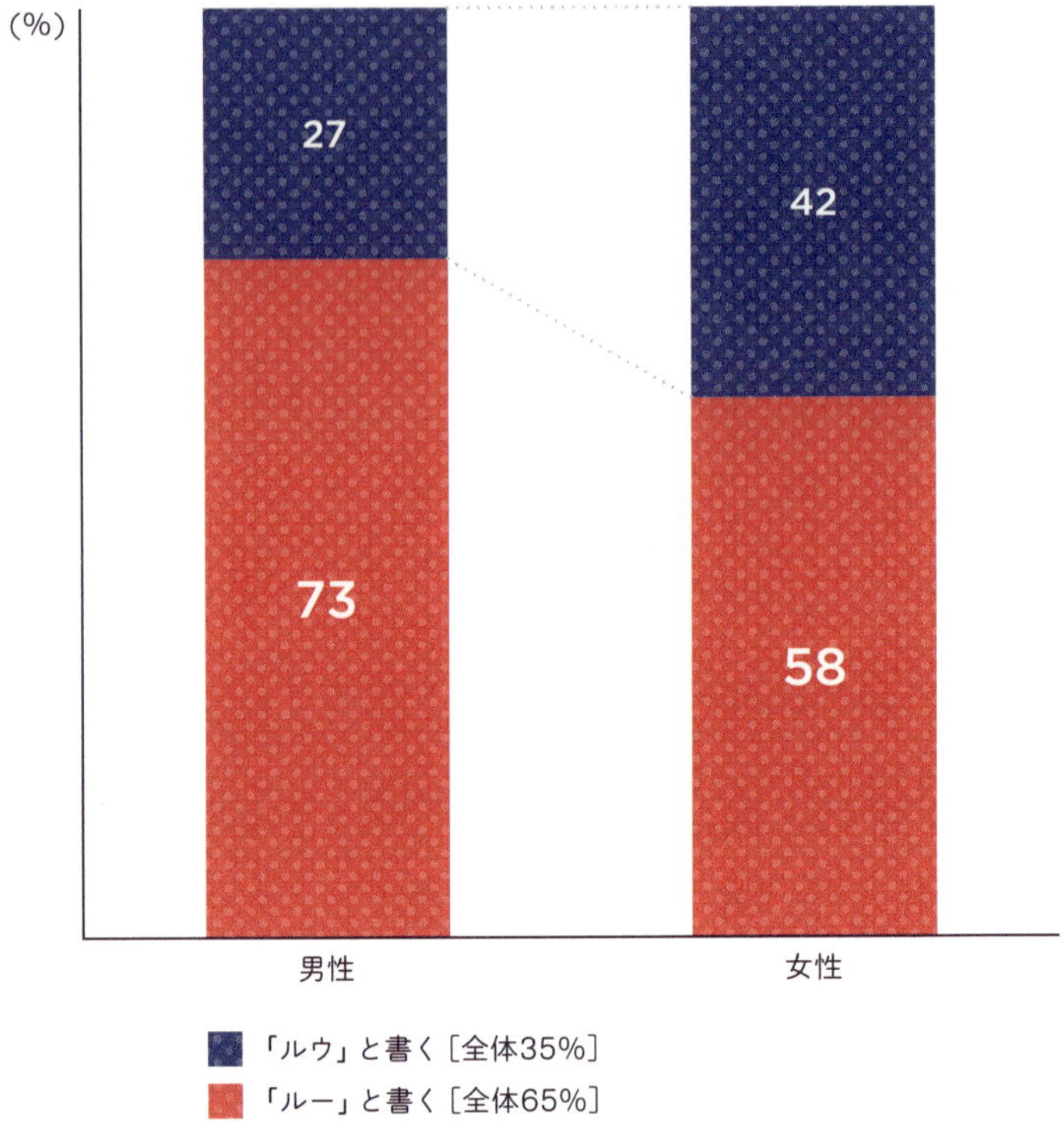

（2007年2月〜3月実施、NHK放送文化研究所ウェブアンケート、1,343人回答）

日本語には「る」で始まることばは少ないので、小さいころにしりとりをしていて、「る」で答えなければならないときには「ルー」とよく言っていました。次の人は確か、「う」で始まることばを答えていたと思います。

給食

35

「コリアンダー」？「パクチー」？

Q

エスニック料理などでよく使われるハーブで、「コリアンダー」や「パクチー」などと呼ばれているものがあります。これは、どの言い方を使ったらいいのでしょうか。

A

今では「パクチー」がもっとも一般的な言い方になっています。

このハーブには、ほんとうにいろいろな呼び名があります。いろいろな時期に、さまざまな外国語から日本語にもたらされたからです。その中でも比較的よく用いられている「コリアンダー」「香菜《こうさい》」「シャンツァイ」そして「パクチー」について、少しご説明しましょう。

まず「コリアンダー（coriander）」は、英語から借用した外来語です。もともと、古代ギリシャ語→ラテン語→フランス語を経由して、英語に入ったようです。なお、韓国（Korea）とはまったく関係ありません。次に「香菜」「シャンツァイ」は、中国語から借用したことばです。「香菜」という漢字を日本語で音読みしたのが「香菜《こうさい》」、もとの中国語の発音を取り入れたのが「シャンツァイ」です。

そして「パクチー」ですが、これはタイ語からの外来語です。激辛ブームとともに日本でタイ料理の人気が出てきて、その流れで広まったのではないかと思います。

いろいろな呼び名があるこのハーブについて、ウェブ上で調査をおこなってみたところ、「パクチー」がいちばん広く知られていることがはっきりしました。

これまで、日本の中国料理店では「香菜」や「シャンツァイ」という呼び名を使うことが多かったのですが、これも徐々に「パクチー」と言うことが増えつつあるように感じます。この呼び名はタイ料理という限定から解放されてきているようで、先日は、インド料理店でも「パクチー大丈夫ですか」と尋ねられました。

たくさん食べて、インパクチのある文章を書きたいと思っています。

エスニック料理などによく使われるハーブの一種は……
(見聞きしたことのあるものをいくつでも)

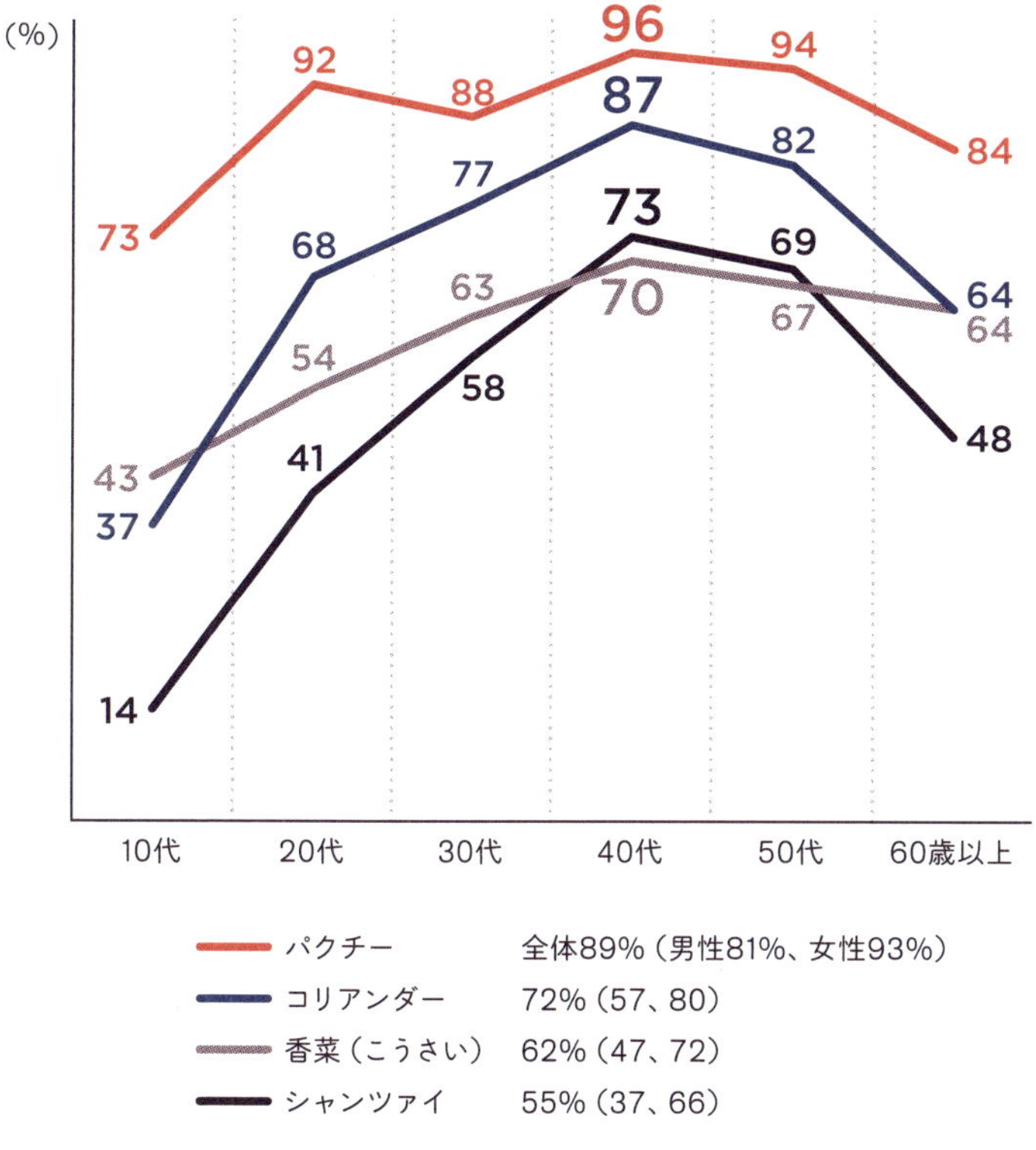

(2016年10月〜11月実施、NHK放送文化研究所ウェブアンケート、595人回答)

パクチーは、20年くらい前は近所のスーパーで売られていることはほとんどなかったように思うのですが、今ではふつうに見かけますね。もしかすると現代では、生のものを「パクチー」、乾燥させたものを「コリアンダー」と言い分けるような傾向もあるかもしれません。

36

「うし」？「ぎゅう」？

Q

「牛のレバー」は、どう読んだらよいのでしょうか。

A

食べものとして意識した場合には、「ぎゅうのレバー」という言い方が、どちらかというと一般的です。

「生きもの」としてとらえるときと「食べもの」として扱うときで、単語を区別する傾向のあるものが、ときどきあります。

魚の「鮭」は、海や川を泳いでいるときには「さけ」、焼いて食卓に上った時には「しゃけ」というように呼び分けることがあります（詳しくは、『変わる日本語、それでも変わらない日本語』（p.234）をご覧ください）。

「鶏」は、動物としては「にわとり」ですが、それを食べるときには「かしわ」と呼ぶ習慣が、西日本に広く見られます。（このあとの『鶏肉』はケイニク？　トリニク？」項をご覧ください）

「豚」は、今では生きものと食べものとで言い分けませんが、かつて東京では「豚肉」のことを「とんにく」と言っていました。なお、「豚汁」のことを「とんじる」と言う人は東日本（北海道除く）に多いのですが（『放送研究と調査』2001年3月号）、「とんにく」を入れたものだから「とんじる」なのだという発想があったのかもしれません。

今回の「牛のレバー」についてウェブ上でアンケートをおこなってみたところ、「［ぎゅうのレバー］という言い方しか聞いたことがない」（20％）と「両方とも聞いたことがあるが、どちらかといえば［ぎゅうのレバー］のほうが多い」（47％）を合わせた【ぎゅう支持派】は67％になりました。この【ぎゅう支持派】は、40代以上で特に多く見られます。このようなことばの使い分けは、ある程度人生経験を積んでから覚えるものなのかもしれません。

NHK総合テレビ『純と愛』（2012年（平成24）10月12日（金）放送分）で、次のようなシーンがありました。

〔純〕 あの牛【うし】、うまかったな〜。

〔水野〕（少し笑いながら）ステーキね。

ステーキのような食べものを「うし」と呼ぶと変な感じがするという日本語の特性が、うまく生かされたやりとりです。

ここまで読んでくださった方は、「うし」と「ぎゅう」の使い分けについては、モー大丈夫だと思います。

「牛のレバー」の読み方は、うし？　ぎゅう？

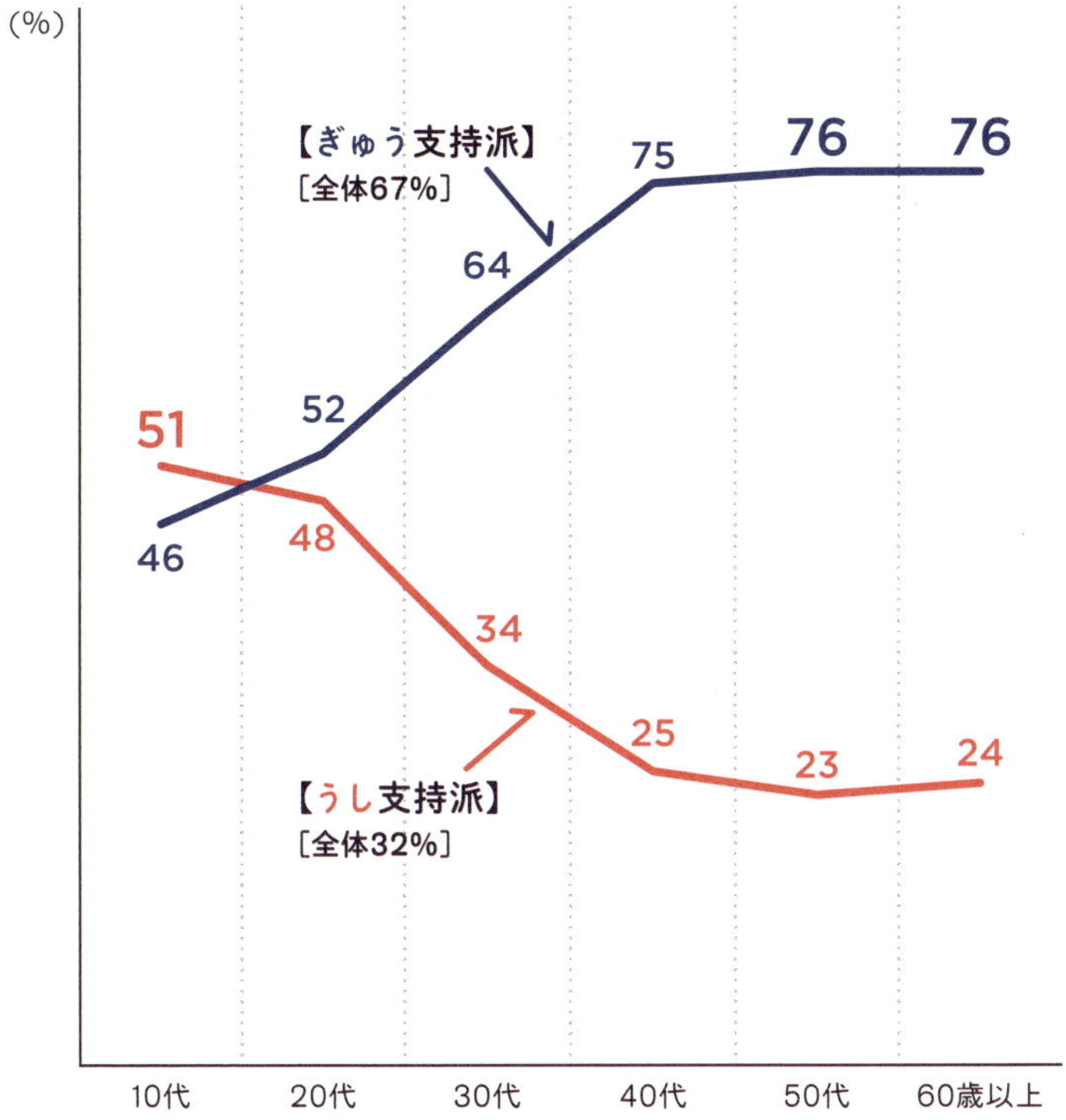

（2012年7月～8月実施、NHK放送文化研究所ウェブアンケート、343人回答）

動物の「うし」は和語（大和ことば）ですが、食肉の「ぎゅう」は漢語（中国語由来のことば）です。英語でも同じような区別があって、動物の「cow, ox」はもともとの英語であるのに対して、食肉の「beef」はフランス語から借用したことばです。食肉を表すほうは借用語というところが共通していて、おもしろいですね。

「鶏肉」はケイニク？　トリニク？

Q

「鶏肉」ということばは、ケイニクと読むのでしょうか、あるいはトリニクと読むのでしょうか。

A

やや厳しい基準で言うとケイニクと読むことになるのですが、トリニクと読んでも差し支えありません。

漢字の使い方の基準・目安として、「常用漢字表」というものが国で定められています。これによると、「鶏」という漢字の読み方としては、「ケイ」という音読みと、「にわとり」という訓読みの2つしか認められていません。

そのため、「鶏肉」を読む場合には「ケイニク」となるのです（「にわとりニク」ということばはないですよね）。

放送では、ある時期までこの方針を忠実に守り、トリニクを漢字で書く場合には「鳥肉」とすることになっていました。

しかし実際の店頭では、「鶏肉」と表示されてそれを多くの人がトリニクと読んでいるのではないでしょうか。

そのため、マスコミ各社（新聞・放送）では平成13年から14年にかけて、漢字「鶏」に新たに「とり」という読みを加えることにしました（『放送研究と調査』２００２年2月号）。これによって、トリニクということばを書くときに「鶏肉」という漢字で書くこともできるようになりました。

なお、トリニクということばは東日本ではよく使われていますが、西日本ではカシワという言い方が優勢です。

トリニク地帯（東日本）では「鶏肉」という文字を「トリニク」と読む人が大半ですが、カシワ地帯（西日本）では「ケイニク」と読む人もかなり多いことが、インターネットを用いた調査で明らかになっています（『ＮＨＫ放送文化研究所年報２００６』）。

これは、トリニクということばをふだん使う人は、「鶏肉」という漢字を見ても（ケイニクではなく）トリニクと読む割合が高い、ということによるものでしょう。

「鶏肉」をトリニクと読んでもかまわないのは、あくまでもマスコミでの取り決めです。一般的に試験問題の採点基準というのは国の定めたものに従うことも多く、漢字の「読み」の試験で「鶏肉」が出た場合には、注意が必要です。「トリニク」と回答してバツになっても、こちらとしては責任をトリニクいので、くれぐれもお気を付けください。

「鶏肉」は……

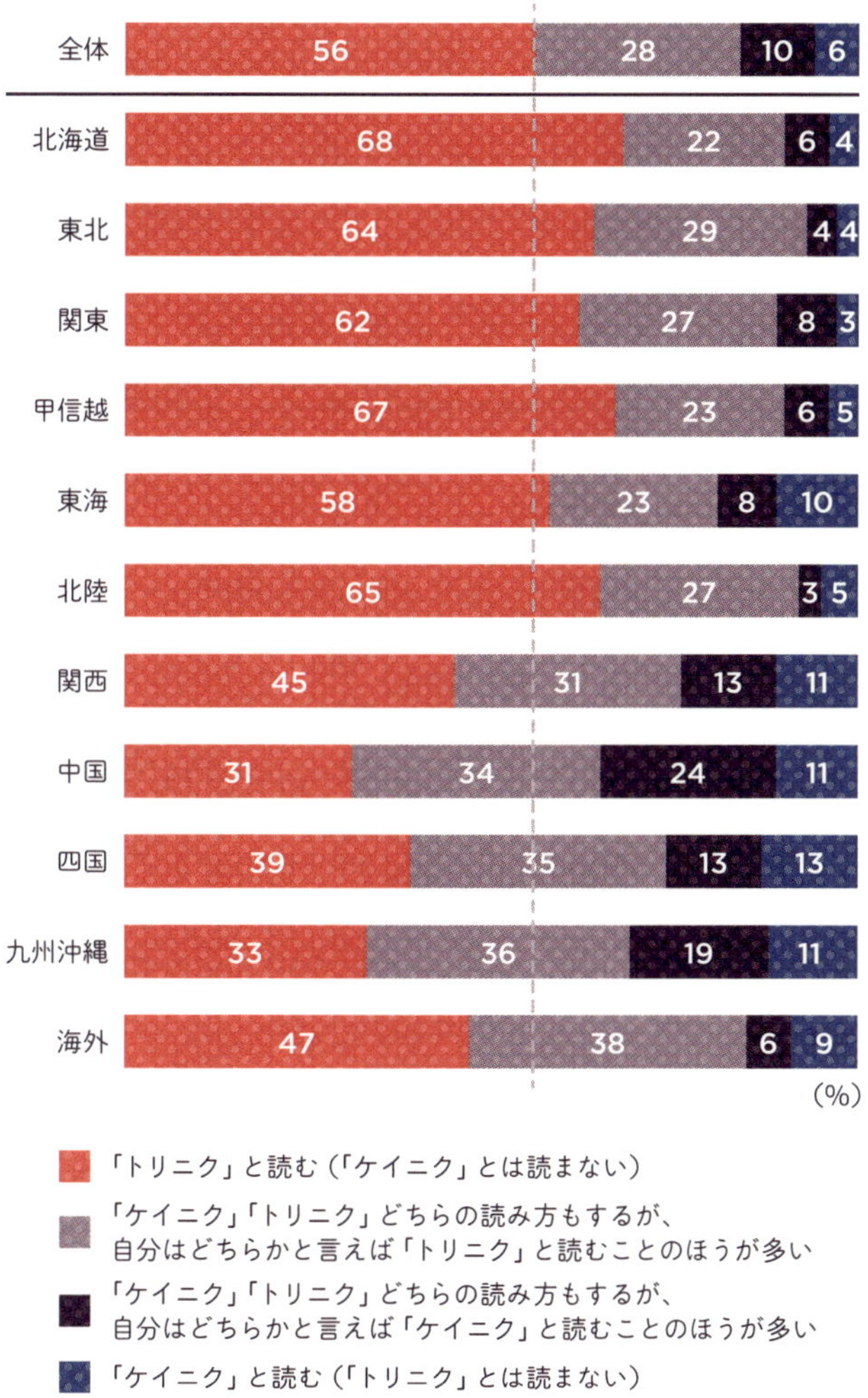

（2005年7月～8月実施、NHK放送文化研究所ウェブアンケート、1,667人回答）

卵焼き？ 玉子焼き？

Q

「卵焼き」と「玉子焼き」、どちらの書き方がよいのでしょうか。

A

放送に限って言うと、「卵焼き」という漢字表記のほうを用いるようにしています。

放送で「たまご」を漢字で書く場合には、「卵」とするようにいちおう統一しています。「玉子」と書いても誰でも読めるではないか、という意見もあろうかと思います。ただ、この「卵」と「玉子」のように、一つの単語に複数の漢字表記を認める場合（同語異表記）には、「こういう場合には『卵』を使い、こういう場合には『玉子』を使う」というようなことをきちんと説明できるのが、望ましい姿勢です。

たとえば、「とり」は現代のマスコミでは「鳥」とも「鶏」とも書くことができますが、これは「鳥類全般の場合には『鳥』、ニワトリに限った場合には『鶏』」というように区別することが可能だからという理由もあって、「同語異表記」が容認されているのです。

ただし、将来は「玉子」という表記を部分的に認めてゆくことがあるかもしれません。街なかを歩いて観察してみると、「玉子丼」はあっても「卵丼」は今のところ見当たりませんでした。

想像ですが、調理前のものは「卵」、きちんと火が通ったものは「玉子」というような使い分けがあるような気がしています。

「たまご」の漢字表記について、ウェブ上でアンケートをおこないました。「生たまご・たまご焼き」をそれぞれ漢字でどう書くかを尋ねたものです。

まず全体として一番多かったのが「生卵・玉子焼き」(55%)というように「卵」と「玉子」とを使い分けるという回答で、2番目が「生卵・卵焼き」(31%)でした。この「使い分ける」という回答の傾向は、男性(61%)のほうが女性(50%)よりも強いようです。

また、この「使い分ける」という回答は若い年代になるほど多くなっています。今後、主流になっていく可能性もあります。

「卵」と「玉子」とを使い分けることになった場合、どの程度火を通せば「玉子」になるのか、「半熟たまご」「たまごとじ」はどう書いたらよいのか、といったことについても考えなければならなくなってきます。

たまごをめぐる大問題、うまくときほぐしていきたいと思っています。

「生【たまご】」「【たまご】焼き」をどう書くのが自然か？

「生卵」「玉子焼き」と書く

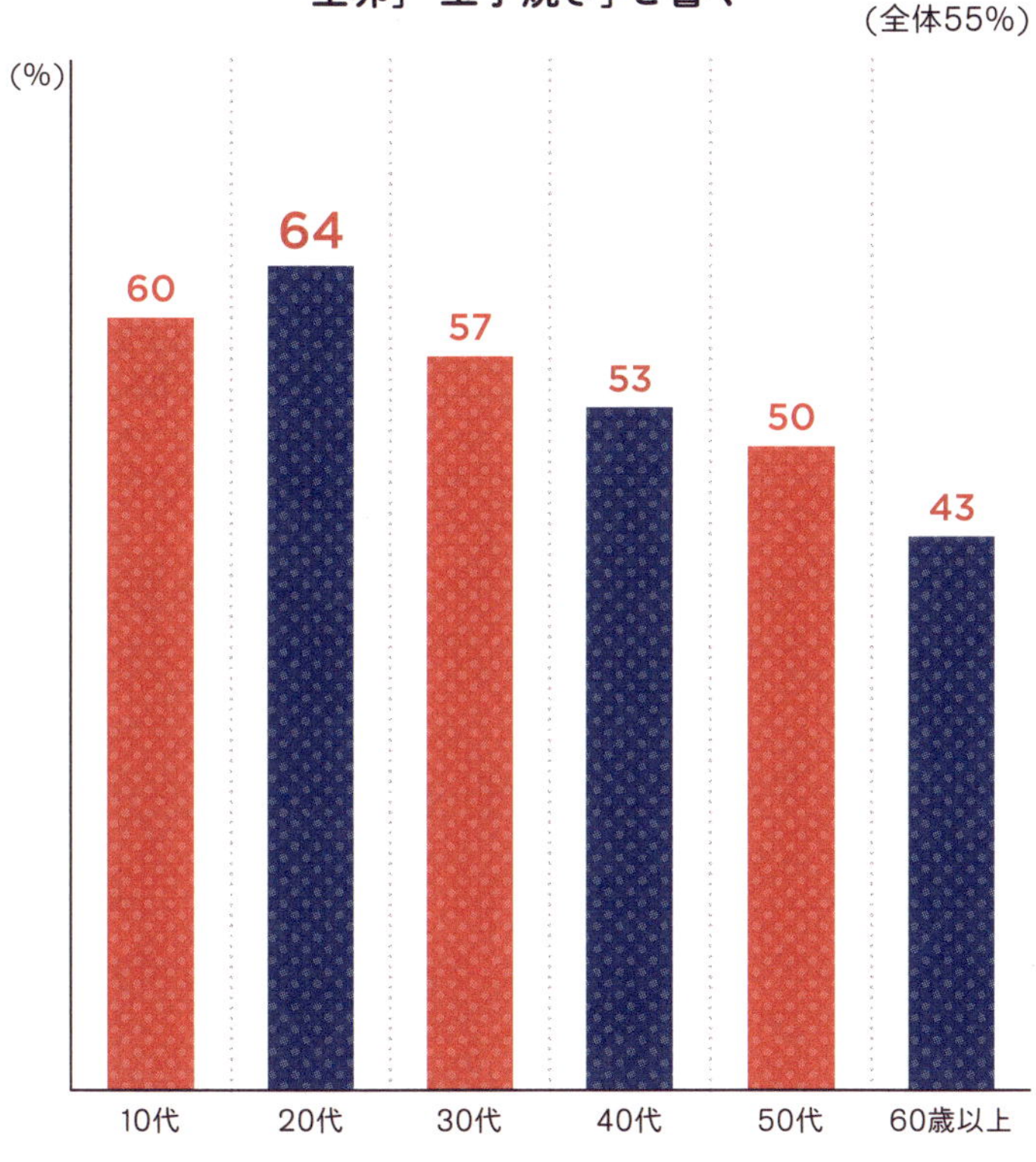

（2007年2月～3月実施、NHK放送文化研究所ウェブアンケート、1,343人回答）

なお、「たまご焼き」の書き方のみについて尋ねた別の調査（2013年）では、男性には〔玉子焼き派〕が圧倒的に多いことがわかりました［男性：「卵～」26%、「玉子～」72%　女性：「卵～」40%、「玉子～」58%］。（2013年3月実施、全国1,241人回答［計画標本数4,000、有効回答率31.0%］、『放送研究と調査』2013年9月号）。

「親子どん」？「親子どんぶり」？

Q

漢字で「親子丼」と書いてあったら、「おやこどん」と読んだらよいのでしょうか。あるいは「おやこどんぶり」と読んだほうがよいのでしょうか。

A

どちらで読んでもかまいませんが、「おやこどん」と言う人が多いようです。

漢字を使う目安は「常用漢字表」というものをもとにするのですが、これは国が定めています。1981（昭和56）年に定められた常用漢字表には、「丼」という字は含まれていませんでした。どういうことかと言うと、この「丼」の字は学校教育で教える必要がなく、また新聞や放送でも基本的に使わないということになっていたのです。そのため、マスコミでは、「親子どん」または「親子どんぶり」という書き方をしていました。

その後2001（平成13）年に、新聞社・放送局が加盟する日本新聞協会で、常用漢字表に含まれていない「丼」などの漢字39字をマスコミとして独自に使用することに決めました（なお常用漢字表はその後2010（平成22）年に改定され、現在のバージョンでは「丼」も含んでいます）。そしてNHKでも、2002（平成14）年度の放送から、「親子丼」という書き方をすることができるようになったのです。

2001年におこなわれたNHKの放送用語委員会で、「丼」の字を採用するにあたって「どんぶり」「どん」の2通りの読み方をすることが承認されます。このとき、次のような考え方が示されていました。

「親子どん」or「親子どんぶり」？

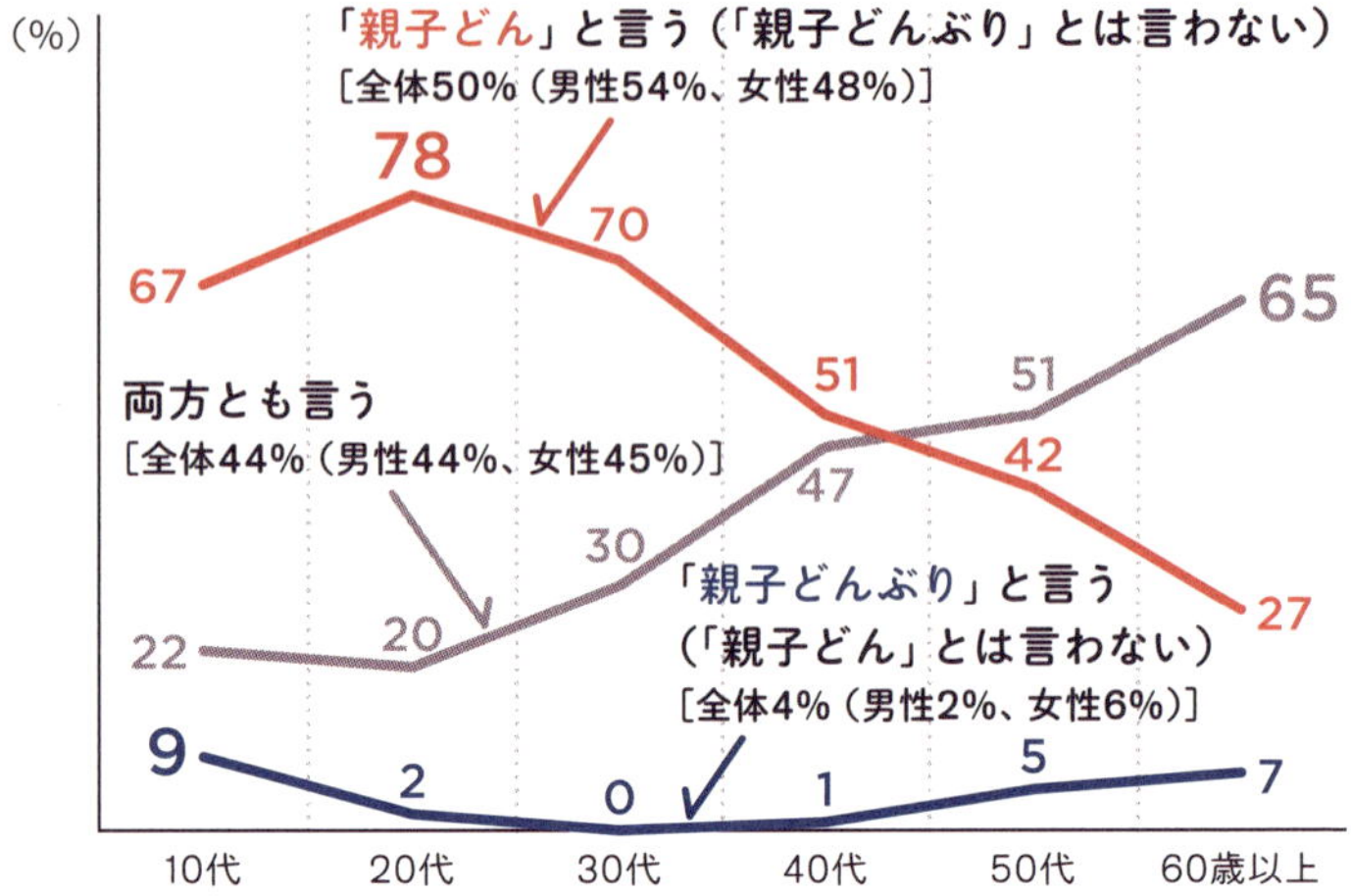

「鉄火どん」or「鉄火どんぶり」？

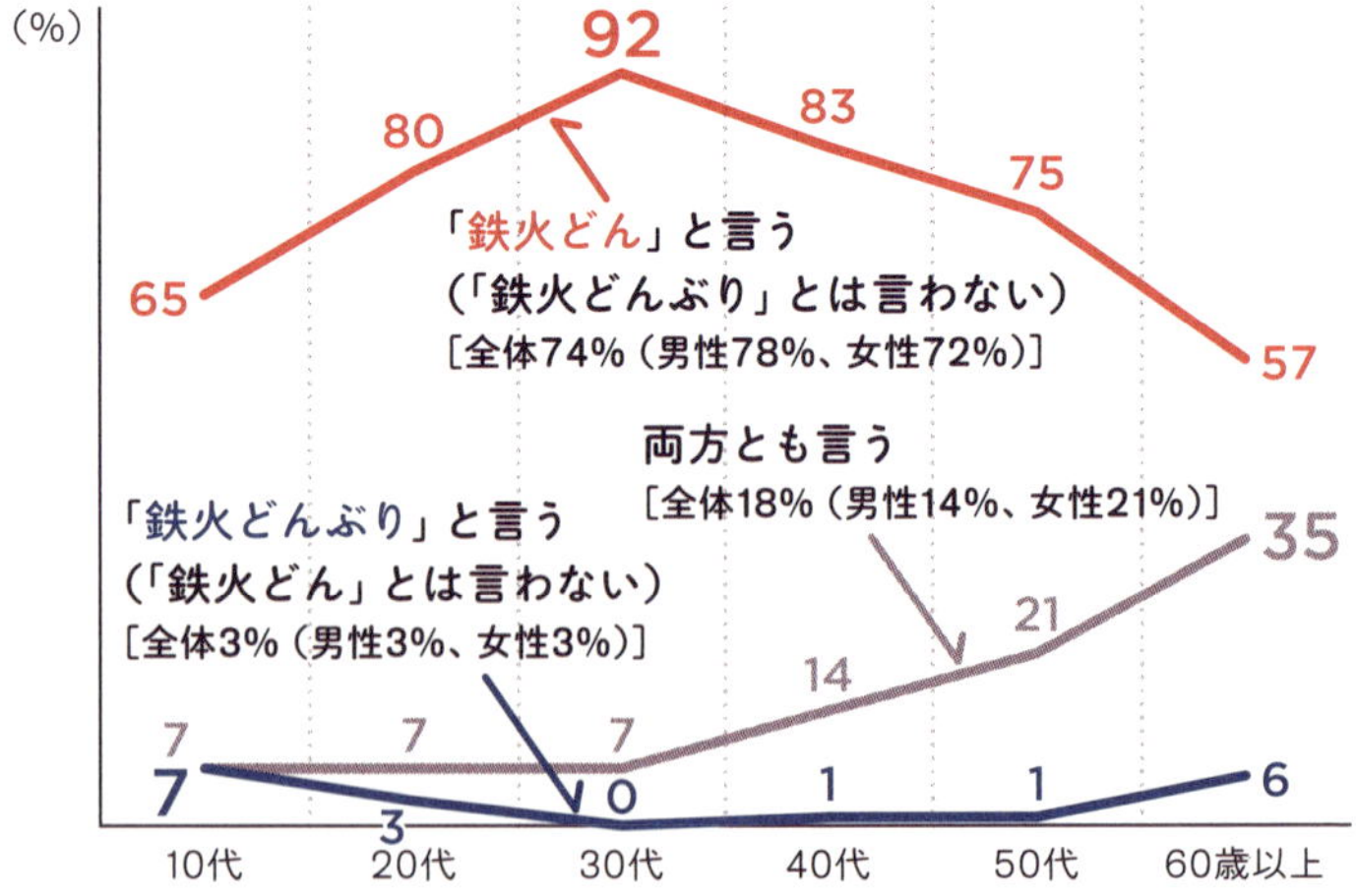

（2016年1月～2月実施、NHK放送文化研究所ウェブアンケート、517人回答）

> 「丼」には「どんぶり」と「どん」の2つの読みが認められたが、「たまご丼」とあった場合は両方の可能性がある。用語班の考え方は、容器としての「丼」は「どんぶり」のみ、また料理名は原則として「〜どん」を第一とし、「親子丼」など、前に付くことばが省略形でない場合は「〜どん」「どんぶり」の両方を認めようというものである。
>
> (『放送研究と調査』2002年3月号、p.99)

具体的に考えてみると、「天丼」「うな丼」は「てんぷらどんぶり」「うなぎどんぶり」を略したもので、「天どんぶり」「うなどんぶり」とはなりません。また「牛丼」や「かつ丼」(「ネギトロ丼」「ロコモコ丼」……)も、「牛どんぶり」「かつどんぶり」と言う人は、あまりいないように思います。

一方、「親子丼」や「鉄火丼」などの場合には、「〜どん」「〜どんぶり」の両方が使われています。ただし、この2つも実際には「〜どん」と言う人のほうが多く、特に20代や30代ではその傾向が強いようです。

今回は丼の話だけに、分量が多すぎてしまったかもしれません。おそまつさまでした。

「ざるそば」？「もりそば」？

Q

「ざるそば」と「もりそば」とは、どう違うのでしょうか。

A

この2つは「違う食べものだ」と考える人がかなりいるのですが、「『もりそば』という言い方にはなじみが薄い」という人も多いのが現状です。

古くは、麺に汁をつけて食べるスタイルのそばは「そばきり」と呼ばれていました。江戸時代になると麺にあらかじめ汁をかけた状態で供する「ぶっかけそば」（現在の「かけそば」）がはやりはじめ、伝統的な「つけ麺」タイプのものはこれと区別するために「もりそば」と呼ばれるようになりました。これは、せいろや皿に盛られていました。

その後、江戸時代の中期に、ある店が御膳そば（そばの実の中心部分のみを使ったもので、白っぽい）を「ざる」に盛って売り出しました。ここに、「もりそば」と「ざるそば」の共存・すみ分け時代が始まりました。

明治時代には、器が「せいろ・皿」か「ざる」かということのほかに、「ざるそば」のほうにはみりんを加えたコクのある汁を添えることによって「もりそば」とは明確に区別することもあったそうです。

また現代では、「のりがかかっているのが『ざるそば』、かかっていないのが『もりそば』」

だと言われることもあります。

一方、アンケートの結果では、「『ざるそば』はよく見かける（『もりそば』はほとんど見かけない）」と、「両方とも見かけるが、それぞれ指すものが違う」という人が、それぞれ同じくらいいることがわかりました。前者の「ざるそば専用派」は【女性・若年層】に多く、後者の「使い分け派」は【男性・非若年層】に多い結果になっています。

また、【関西・中国・四国・九州沖縄】といった西日本では「ざるそば専用派」が過半数、反対に【北海道・関東・甲信越】では「使い分け派」が過半数と、地域差も現れています。

全体的に見ると、「もりそば」が廃れつつある様子がうかがえます。

「もりそば」の話を記してきましたが、話を盛りすぎてしまったところはなかったかと気にしています。

「ざるそば専用派」と「使い分け派」

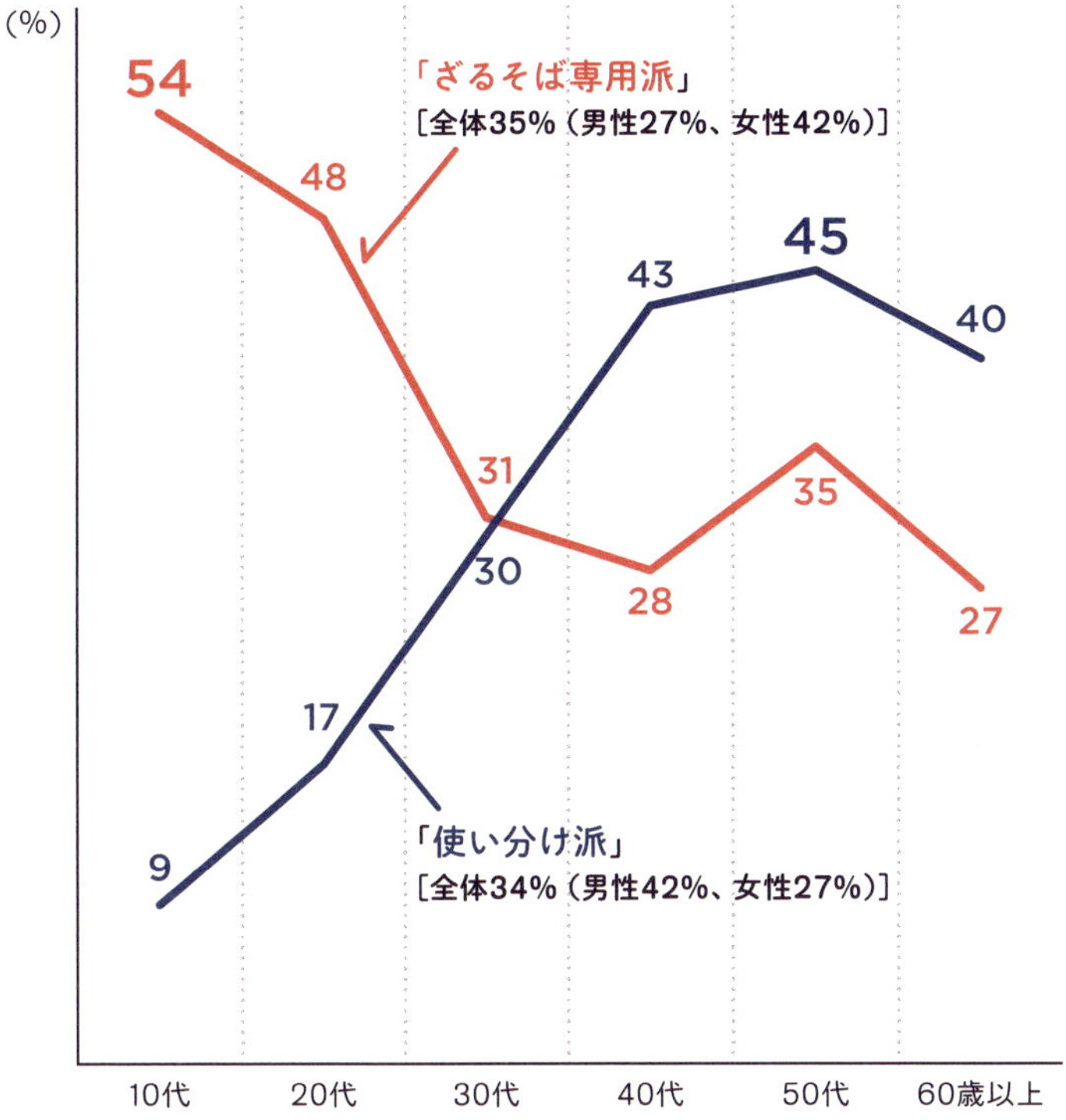

（2010年1月〜2月実施、NHK放送文化研究所ウェブアンケート、585人回答）

「ざるそば」と「もりそば」の両方を置いているお店では、「ざるそば」のほうが値段が高いことがよくあります。「のり」のありなしの違いだけなのかどうか、ちょっと試してみたくなります。

41

水菓子？

Q

水ようかんなどのことを「水菓子」と言うのはおかしいと指摘されたのですが。

A

伝統的には、確かにそのとおりです。「水菓子」ということばは、本来は果実類のことを指すからです。

「水菓子」ということばの成り立ちについて考えてみましょう。

まず、関連するものとして「くだもの」「菓子」ということばを取り上げてみます。

古くは、「くだもの」と「菓子」は、ともに「正式な食事以外の軽い食べもの」全般を指すことができることばでした。つまり、果実類・菓子類・間食や、はては酒のつまみなどのことをひっくるめて「くだもの・菓子」と呼ぶことができたようです。

この2つのことばの違いは、「和語（やまとことば）」か「漢語（漢字書き・音読みのことば）」か、という程度のもので、あまり意味の違いはなかったものと思われます。


なお、「くだもの」は「く（木）＋だ（の）＋もの」で、もともとは木になる実、つまりフルーツのことを指していました。それがその後、「木のもの」という語源の意識が薄くなって、「正式な食事以外の軽い食べもの」全般を指すように意味が広がったものと考えられています。

また「菓子」は、現代では「果実」の「果」の字に草冠が付いた漢字を当てますが、これはもともとは草冠のない形、つまり「果実」の「果」の字に「子」で「果子」というように書いていたといいます。ということは、「菓子」もやはり、もともとは「果実」を指していたものと考えられます。

これが江戸時代ごろになると、「菓子」ということばが「人が手を加えて甘く作った食べもの」のことだけを限定的に指すように変化しはじめます。

一方、果実類を指す場合には、上方では「くだもの」、江戸では「水菓子」ということばが使われるようになったようです。

現在では果実類を指す場合に、全国的にも「くだもの」と言うことが多く、「水菓子」とはあまり言わないのが実情です。

なお本来の意味とは別に、一部の業界では、水ようかんやくずもちなどの総称として「水菓子」ということばを使う場合があります。ただし、これはあくまで専門分野での使い方だと心得ておいたほうがよいでしょう。『水菓子』というのは本来くだもののことだが、専門業界では水ようかんなどのことを指すのだ」と考えておくのがよいかもしれません。

また「スイーツ（スウィーツ）」ということばは、お菓子（甘いもののみ）・デザート・ケーキ・和菓子などをひっくるめて指すことばです。

現在「お菓子」と言うとポテトチップスなどのスナックも入ってしまうし、また「デザート」と言うと食後に限定されてしまう、などということがあって、近年になって新たに使われるようになったのでしょう。

小学生のころ、遠足のときに「おやつのお菓子は三百円まで」と言われて「バナナはおやつに入りますか」という質問があったりしました。バナナは現代では「果物」ですが、もし大昔だったら、「果子（菓子）」ととらえられていたかもしれませんね。

とける？ とろける？

Q

チョコレートが「とける」と「とろける」の両方を耳にしますが、使い分けはあるのでしょうか。

A

一般に、熱を加えて液状になる場合には「とろける」、常温の場合では「とける」が用いられます。また、「とろける」は「おいしいもの、心地よいもの」に用いられることが多いようです。

まず、「とろける」は基本的に食べものに使われることばで、「鉄・金」などについてはふつう「とろける」とは言いません。ここでは、食べものについての「とける／とろける」について見てみましょう。

氷が　【◯とける／×とろける】
アイスクリームが　【◯とける／×とろける】
チーズが　【△とける／◯とろける】
刺身が口の中で　【×とける／◯とろける】

ここから、「氷・アイスクリーム」のように常温で液状になってしまうものに対しては「とける」が用いられ、「チーズ・刺身」のように常温では固体だけれども熱（オーブン・口の中など）を加えると液体に（あるいは液体に近く）なるものには「とろける」が用いられることがわかります。

刺身の「トロ」は「口の中でとろける」ようだから「トロ」と言うのでしょう。

口の中で「とろけ」るような食べものは、だいたいおいしい場合が多いものです。さきほど「基本的には食べものに使われることば」と記しましたが、それ以外に、比喩的に「心地よいもの」に使われる場合も、よくあります。

［×とける／○とろける］ような甘い声
［×とける／○とろける］ような笑みがこぼれた

「とろける」は、「とける」に比べて情緒的・主観的な表現です。

「チョコレート」の場合、夏場は常温でも液状になってしまいます。そのような状況を客観的に描写したのであれば「チョコレートがとけた」であるし、「心地よいおいしさ」というニュアンスを強調するのであれば「口の中でチョコレートがとろけた」ということになるでしょう。

「とける・とろける」の問題、これできちんと解けたでしょうか。

5時間目

国語

ことばの神は
細部に宿る

5時間目

43

つなぐ？ つなげる？

Q

2本のひもを「つなぐ」「つなげる」、どちらがよいでしょうか。

A

現代語としては、どちらでもかまいません。動詞としては「つなぐ」のほうがより伝統的な形ですが、今は両方とも使われています。ただしニュアンスの違いがあって、「つながりにくいものを、（努力して）くっつける」というような状況の場合には、「つなげる」が用いられることが多いようです。

「つなぐ」は他動詞、「つながる」は自動詞です。こういうふうに対応しています。

つなＧ－ｕ（つなぐ）　〜　つなＧ－aru（つながる）

-u と -aru が入れ替わる形で、他動詞と自動詞になっているのです（仮にこれを「u-aru対応」と呼んでおきましょう）。同じパターンのものに「刺す〜刺さる」「はさむ〜はさまる」「ふさぐ〜ふさがる」「またぐ〜またがる」などがあります。

この「u-aru対応」は、実は仲間が多くないのです。日本語でいちばんよくあるパターンは、次の「eru-aru対応」なんです。

あＧ－eru（揚げる）　〜　あＧ－aru（揚がる）

につＭ－eru（煮詰める）　〜　につＭ－aru（煮詰まる）

まＺ－eru（混ぜる）　〜　まＺ－aru（混ざる）

つＫ－eru（漬ける）　〜　つＫ－aru（漬かる）

「つなげる」という比較的新しい（とは言っても江戸時代にはすでに使われていたようですが）他動詞は、この典型的なパターンである「eru-aru対応」にならって（あたかも「長いものに巻かれる」かのように）生まれたものだと考えられます。

つなG－eru（つなげる）　～　つなG－aru（つながる）

こんな感じで、伝統的な他動詞「つなぐ」に加えて、新しい他動詞「つなげる」が出てきたのです。

「2本のひもを【つなぐ／つなげる】」という例文で、全国調査をしてみました。その結果、「つなぐ派（＝「つなぐ」と言う＋どちらかといえば「つなぐ」と言うことのほうが多い）」の回答が全体では主流なのですが（63％）、これは若い人になるほど少なく、20代では「つなげる派」が「つなぐ派」を上回っていました。

また、関東・甲信越では両者がほぼ同数になっています。

なお、質問の形式が違うので単純には比較できませんが、1995年におこなった調査では、自分では「つなぐ」と言うという回答は7割を超えていました（『放送研究と調査』1996年4月号）。このころは、「つなぐ」の使用が今よりも多かったものと思われます。

つまり、「つなぐ」から「つなげる」への移行が、時の流れとともに進みつつあるという

「2本のひもを【つなぐ／つなげる】」

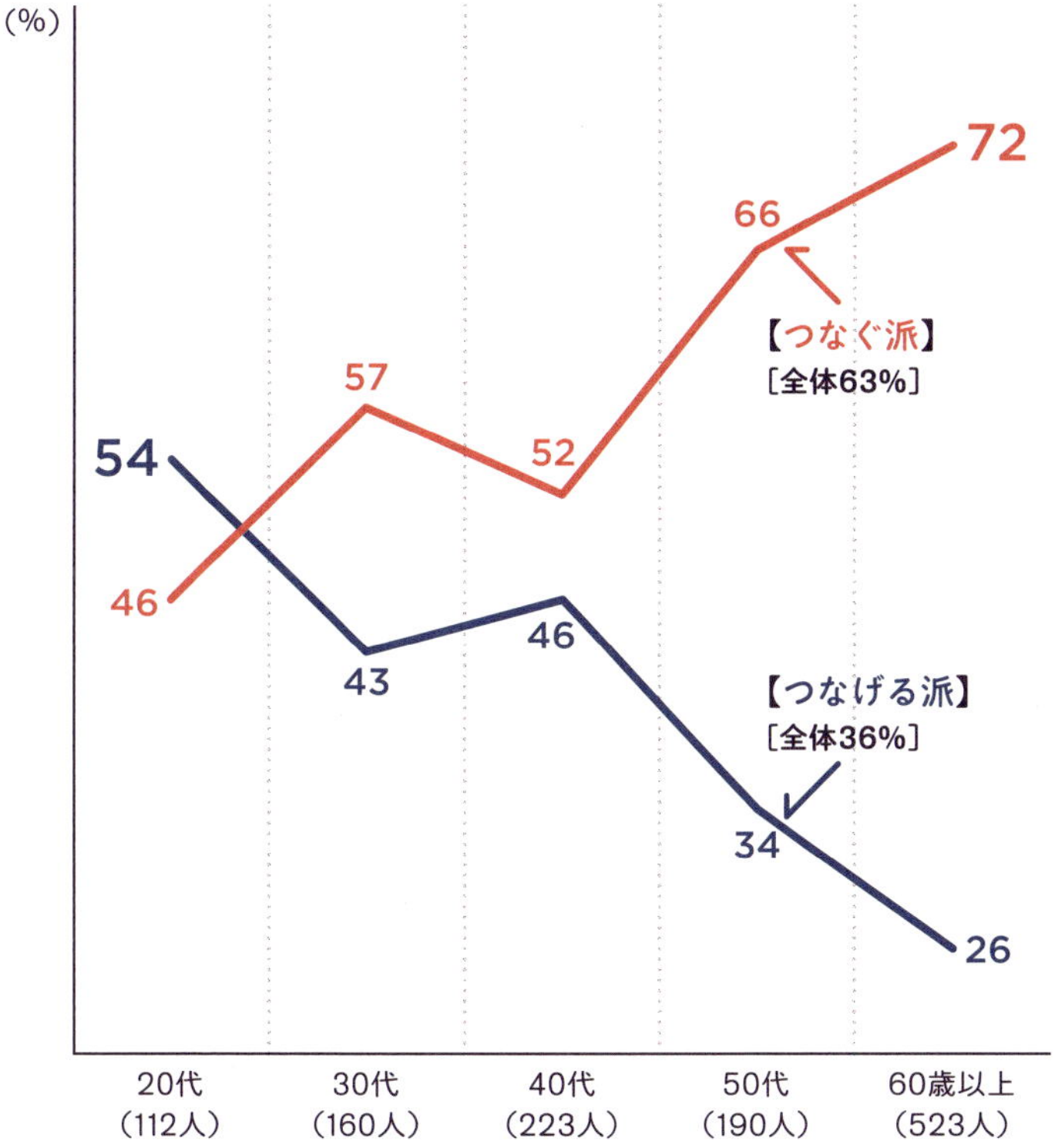

（2021年2月実施、全国1,208人回答［計画標本数4,000、有効回答率30.2%］）

なお、この調査では「パソコンにプリンターを【つなぐ／つなげる】」という例文もあわせて調査しました。回答の傾向は「2本のひもを～」の例文のものと似ていて、【つなぐ派】が59%、【つなげる派】が37%で、年代別の傾斜も同じような感じでした。

わけです。

おそらく移行期である現在では、「つなぐ」と「つなげる」は、互いにニュアンスをずらすことで「すみ分け」をしているようです。どういうことか説明しましょう。

想いがあふれたらどうやって　どんなきっかけタイミングで
手を繋《つな》いだらいいんだろう
（「わたがし」作詞：清水依与吏　歌：back number）

この「手をつないだら（つなぐ）」については、「手をつなげたら（つなげる）」とは言いにくいように感じませんか。

「つなぐ」は、「もともと、自然な形でつながるような場合」によく使うものになっているようで、「手」のようにつなごうと思えば簡単につながるものだと、「手をつなげる」とはふつう言わないのです。

一方、「合格につなげる」など、一定の努力・労力が必要な場合には「つなげる」のほうがよく使われる傾向が見られます。やっと結論につなげることができて安心しました。

44

間違う？ 間違える？

Q

「間違う」と「間違える」とは、どう違うのでしょうか。

A

非常に微妙な違いがあります。「間違う」は「正しい（あるべき）状態から外れていること」、「間違える」は「AとBとを取り違えること」がそれぞれ意味の中心になっていると言えます。

多くの場合には両方とも使えることが多いのですが、とらえ方が異なります。

まず「間違う」は、ある「正しい状態」があるのにそのようになっていない、というときに使われます。たとえば「人として間違った道を歩む」の場合、「道義的に正しい生き方」というものがあるにもかかわらずその道を歩んでいない、ということを表します。この場合、「人として間違えた道を歩む」とはふつう言いません。

一方「間違える」は、ある二つのものについて「取り違える」ことを表します。「ブーツの左右を間違えて履いてしまった」と言った場合、「右と左とを取り違えてしまった」という意味になります。ただし、「右用は右足に、左用は左足に履くのが正しい履き方だ」というニュアンスがあれば、「間違って履いてしまった」と言うことも可能です。

何かの試験を受けたときに、「あるべき正解から外れた」という意味では「答えを間違った」ですし、「正解はAであるのにBと書いてしまった」という意味では「答えを間違えた」ということになります。

なお名詞の形になると、どんな場合でも「間違え」より「間違い」のほうが多く使われるようです（例「「間違い／間違え」を見つけた」）。

45

「追い抜く」？「追い抜かす」？

Q

「追い抜く」と「追い抜かす」は、どのように違うのでしょうか。

A

「追い抜かす」は、比較的新しい言い方です。「追い抜く」とほとんど同じ意味ですが、微妙な使い分けがあります。

現代日本語の辞書として一番大きい『日本国語大辞典（第二版）』の「追い抜く」の項には、15世紀の用例が載っています。それに対して「追い抜かす」は、そもそも項目として立っていません。おそらく、伝統的な語ではないという判断によるものだと思います。

「追い抜く」と「追い抜かす」についてウェブ上でアンケートをしてみたところ、「『追い抜かす』と（も）言う」という回答は、若い人になるほど多くなっていることがわかりました。

この2つの使い分けをあえて指摘すると、「追い抜かす」は「ふつうであれば『追い抜く』はずのない状況」で使われることが多いということが言えます。

朝から何も手につかず　はやる気持ちが　時間追い抜かす

（「聖なる夜に」作詞・歌：ケツメイシ）

それに対して「追い抜く」には、そのような限定はないようです。

出逢うのが　少しだけ　遅すぎただけなのに
もうこのまま　あの女性を　追いぬけないのね
（「Still Love You」作詞：井上望　歌：森口博子）

なみをチャプチャプチャプチャプかきわけて　チャプチャプチャプ
くもをスイスイスイスイおいぬいて
（「ひょっこりひょうたん島」作詞：井上ひさし・山元護久）

つまり「追い抜かす」には、そんなことはふつうは起こらないという「意外性・びっくり感」のようなニュアンスもあるようなのです。

なお運転免許を持っている人は勉強したことがあると思いますが、道路交通法の定義では、前の車に追いついたあとに進路変更をするのが「追い越し」、車線変更をせず進路も変えないで前に出るのが「追い抜き」です。運転時には、いきなり「追い抜かし」をしてほかの車をびっくりさせたりしないようにしましょう。

前に走っているランナーを「追い抜く」？　「追い抜かす」？

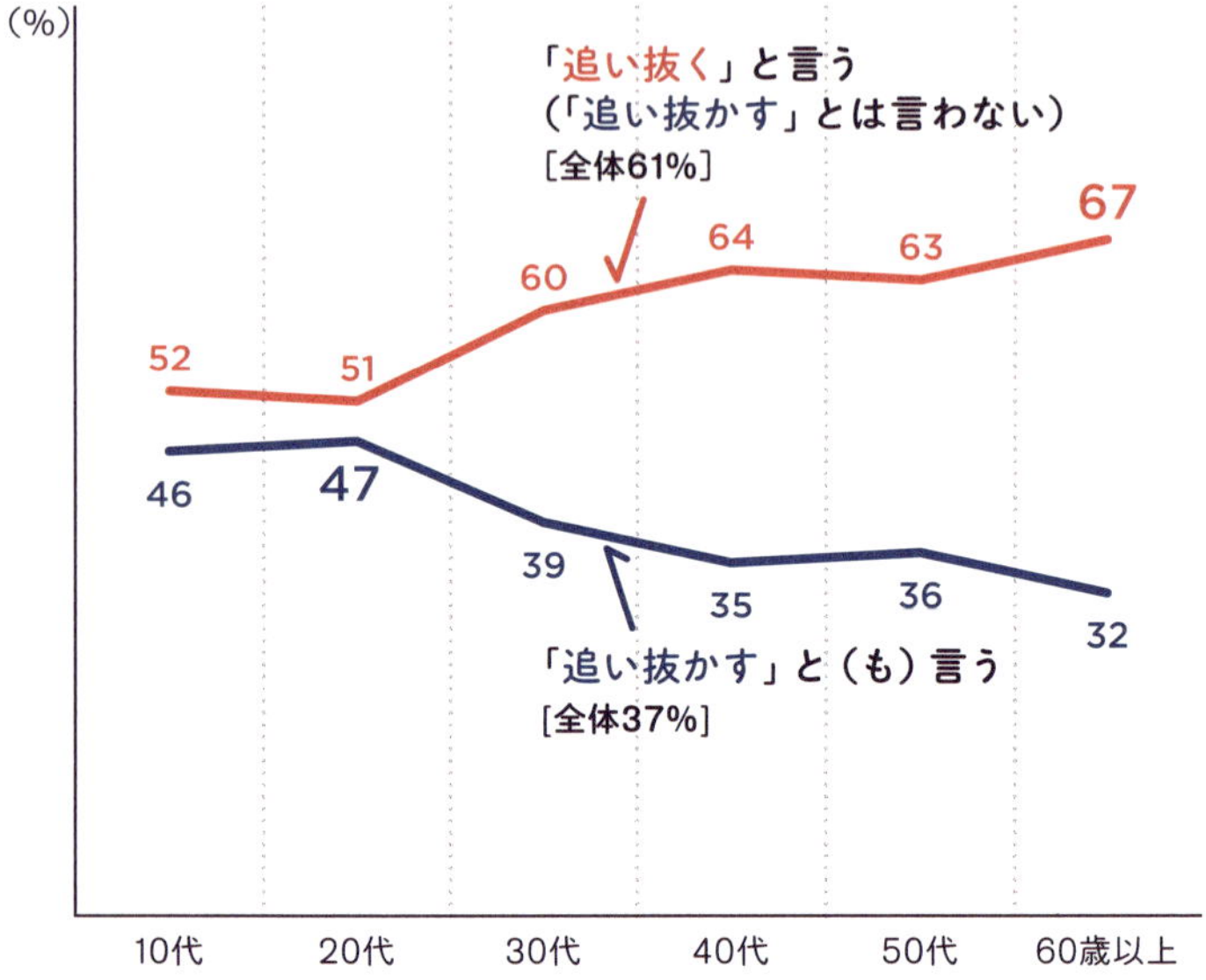

（2013年8月～9月実施、NHK放送文化研究所ウェブアンケート、1,788人回答）

もとになっている動詞「抜く・抜かす」を考えてみると、「抜かす」動作のほうにはかなりの強い「意志」が伴っているように感じます。例えば「（並んでるのに）順番を抜かすな」とは言えても「順番を抜くな」とは言いにくいのは、この行儀の悪い行為は意志をもってわざとおこなわないと成立しないからだと思います。

46

似かよう？ 似かよる？

Q

「似かようところがある」「似かよるところがある」の、どちらを使うのがよいのでしょうか。

A

「似かよう」のほうが伝統的な形です。この動詞は、どちらの形を使ったらよいのか、迷いやすいものです。

ウェブ上でおこなったアンケートでは、「『似かよう』は正しい（『似かよる』はおかしい）」という人が48％、「『似かよる』は正しい（『似かよう』はおかしい）」という人が28％でした。

これがなぜ迷いやすいのかを説明するのには、少々込み入ったお話をしないとなりません。心苦しいのですが、どうかお付き合いください。

まず、「音便《おんびん》」というもののお話をします。

例えば「立つ」の過去の形は、古い日本語では「立ちたり」と言っていました。その後、「立ち」のところが「立っ」と変化し、「たり」（助動詞）が「た」に変わって、現代語「立った」が生まれました。

この「立ち」が「立っ」に変化するような現象は、「音便」と呼ばれています。音便にはいくつかのパターンがありますが、そのうち「っ」が出てくるものを、特に「促音便」と言います。

立ち→立っ【促音便】

音便は、動詞や形容詞を活用させたときによく現れます。五段活用の動詞の場合、3種類の音便が出てきます。

▼〈促音便〉「っ」が出てくるもの：終止形が「ーつ」「ーる」「ーう」の動詞（五段活用）
「立った（↑立つ）」「走った（↑走る）」「買った（↑買う）」
▼〈撥《はつ》音便〉「ん」が出てくるもの：終止形が「ーぬ」「ーぶ」「ーむ」の動詞（五段活用）
「死んだ（↑死ぬ）」「学んだ（↑学ぶ）」「読んだ（↑読む）」
▼〈イ音便〉「イ」が出てくるもの：終止形が「ーく」「ーぐ」の動詞（五段活用）
「書いた（↑書く）」「泳いだ（↑泳ぐ）」

さてここでは、促音便について見てみましょう。

このルールをもとにすると、例えば「立った」という形だけを見た場合、動詞の終止形は、「立つ」かもしれないし、「立る」かもしれないし、あるいは「立う」かもしれないことになるのです。

しかし、ふつうはそのような迷いは出てきません。なぜなら『立った』の終止形は『立つ』だということを知っている」からです。「立った」と同様に「立つ」を耳にする機会が多いため、間違うことはないのです。

ここでやっと、ご質問の「似かよう」のところに到着しました。

ふだんの生活で、「(これとこれは)似かよう」(終止形)とか、「似かようところがある」(連体形)などというような言い方をすることは、よくあるでしょうか(現代語の動詞では終止形と連体形は同形)。それよりも、「似かよった状況」「似かよっている」のような促音便の形のもののほうが、耳にする機会が断然多いのではないでしょうか。

そのため、終止形・連体形が、「似かよう」なのか、あるいは(「似かよつ」はなさそうですが)「似かよる」なのかが、迷いやすくなるのです。さらに、「ーる」で終わる動詞の数は、「ーう」で終わる動詞よりももともと非常に多いことが、迷いやすさを一層あと押ししています。

同じようなものに、「(枝がよく)しなう〜しなる」「はいつくばう〜はいつくばる」などもあります。迷う理由は、「しなった枝」「はいつくばって、いったい何を探しているのか」などの促音便形で使われることが多いからです。これも「しなう」「はいつくばう」のほうが、どちらかというと伝統的な形です。

今回の音便などの話、わかりにくくてご立腹かもしれません。どうか穏便に。

A「これらには似かようところがある」

B「これらには似かよるところがある」

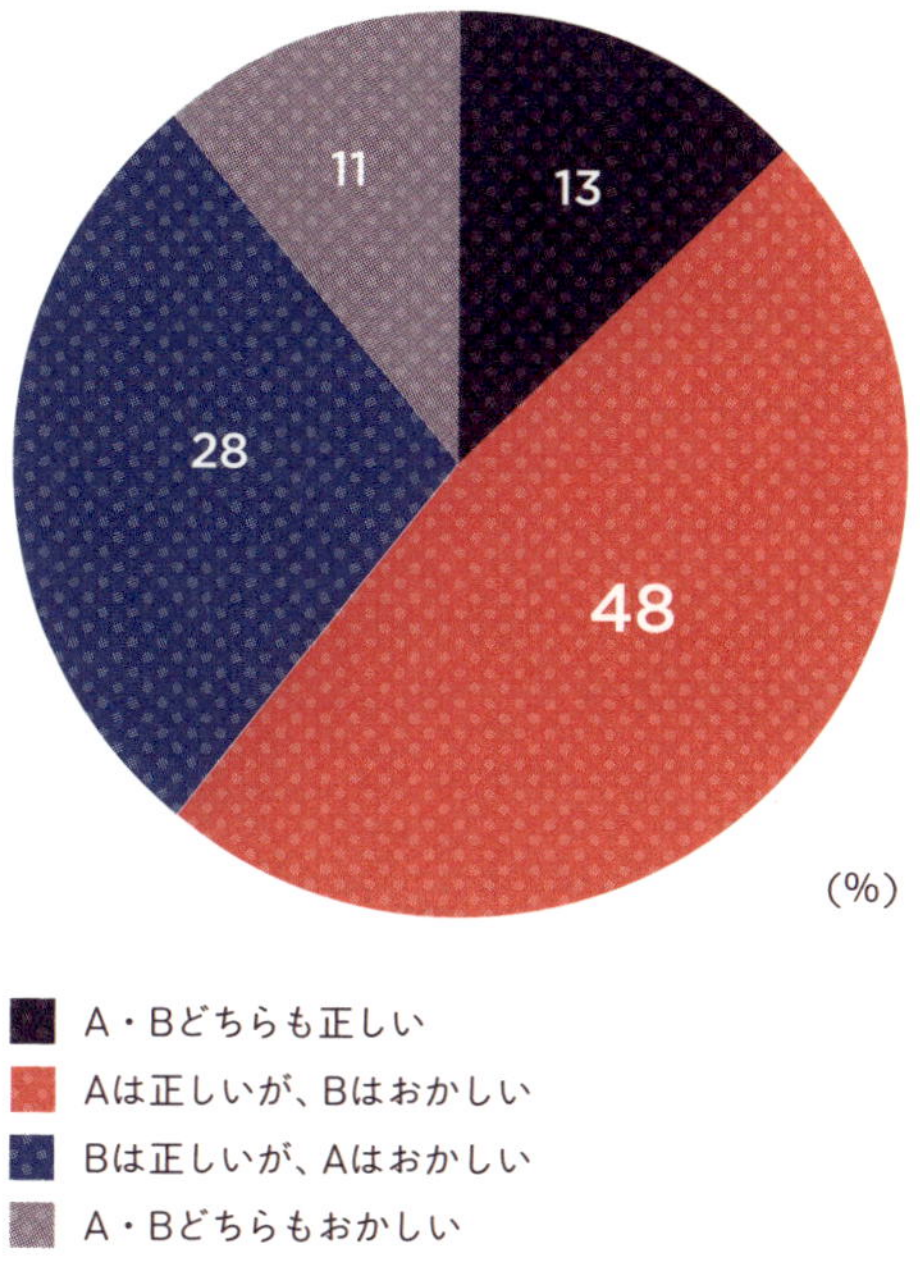
13
48
28
11
(%)
A・Bどちらも正しい
Aは正しいが、Bはおかしい
Bは正しいが、Aはおかしい
A・Bどちらもおかしい

（2018年2月〜3月実施、NHK放送文化研究所ウェブアンケート、322人回答）

なお、動詞「しなう」も、「しなる」が正しく「しなう」は間違っていると考える人が現代では非常に多いものです。両方ともかなりむかしから使われている形で、少なくとも現代では、両方とも正しいととらえるのが適切だと思います。

47

「ぎこちありません」？「ぎこちないです」？

Q

「ぎこちありません」という言い方は、おかしいのでしょうか。

A

今のところは、「ぎこちないです」という言い方のほうが、一般的であるようです。

少し時間をさかのぼって考えてみます。今から60年近く前（1966年12月）の放送用語委員会での記録があります（『NHK放送用語速報』No. 11）。

（問題点）放送で「バトンガールたちのバトンの振り方はまだ練習中なので、ぎごちありません」と言っていたが、元来、「ぎごちない」は「ぎごちない様子」というような表現にすべきだと思うが。

（答え）「ぎごちありません」は、標準的な表現とは認められない。「ぎごちない＋名詞＋です」の型が本来の型。（例　ぎごちない手つきです。ぎごちない様子です……など）。

〈注〉類似の例……切ない、つたない、はしたない、だらしない、やるせない、おぼつかない……など。

ここでは、放送での「ぎごちありません」という言い方を退けている一方で、「ぎごちないです」という言い方については触れていません。この当時、「形容詞」に直接「です」が付く言い方（「寒いです」など）は、それほど積極的には認めていなかったからです。

なお「ぎごちない」と書かれていますが、このころは放送での扱いとして「ぎごちない」という形のみを示していました。このあと1975年に「①ギ゜コチナイ　②ギコチナイ」というように「ぎこちない」も追加し、そして2000年の放送用語委員会では「①ギコチナイ ②ギゴチナイ」と順序を変更しました（『放送研究と調査』2000年4月号）。

さて次に、現代語では、だいたい次のような傾向があると言えそうです。

▼「〜ない」を「〜ありません」と言いかえることができるもの

a.「ありなし」の場合　b.形容詞の否定の場合　c.「だ」の否定の場合

例　a.「時間がない」　b.「寒くない」　c.「学生ではない」

▼「〜ない」を「〜ありません」とは言いかえにくいもの

d.動詞の否定の場合　e.形容詞の一部として含まれているもの（否定の意味ではない）

例　d.「知らない（×知らありません）」　e.「きたない（×きたありません）」

［両者の中間的なグループもあるのですが、割愛します］

今回の「ぎこちない」は、「e.」に該当します。つまり、「〜ありません」と言いかえることは一般的ではありません。さきほど紹介した「切ない、つたない、はしたない、だらしない、やるせない、おぼつかない」なども同じです。

さりげない終わり方がいいのですが、「以上です。」だけだとそっけないのは否めないですね。

「歩き方が、どことなく【ぎこちありません／ぎこちないです】」

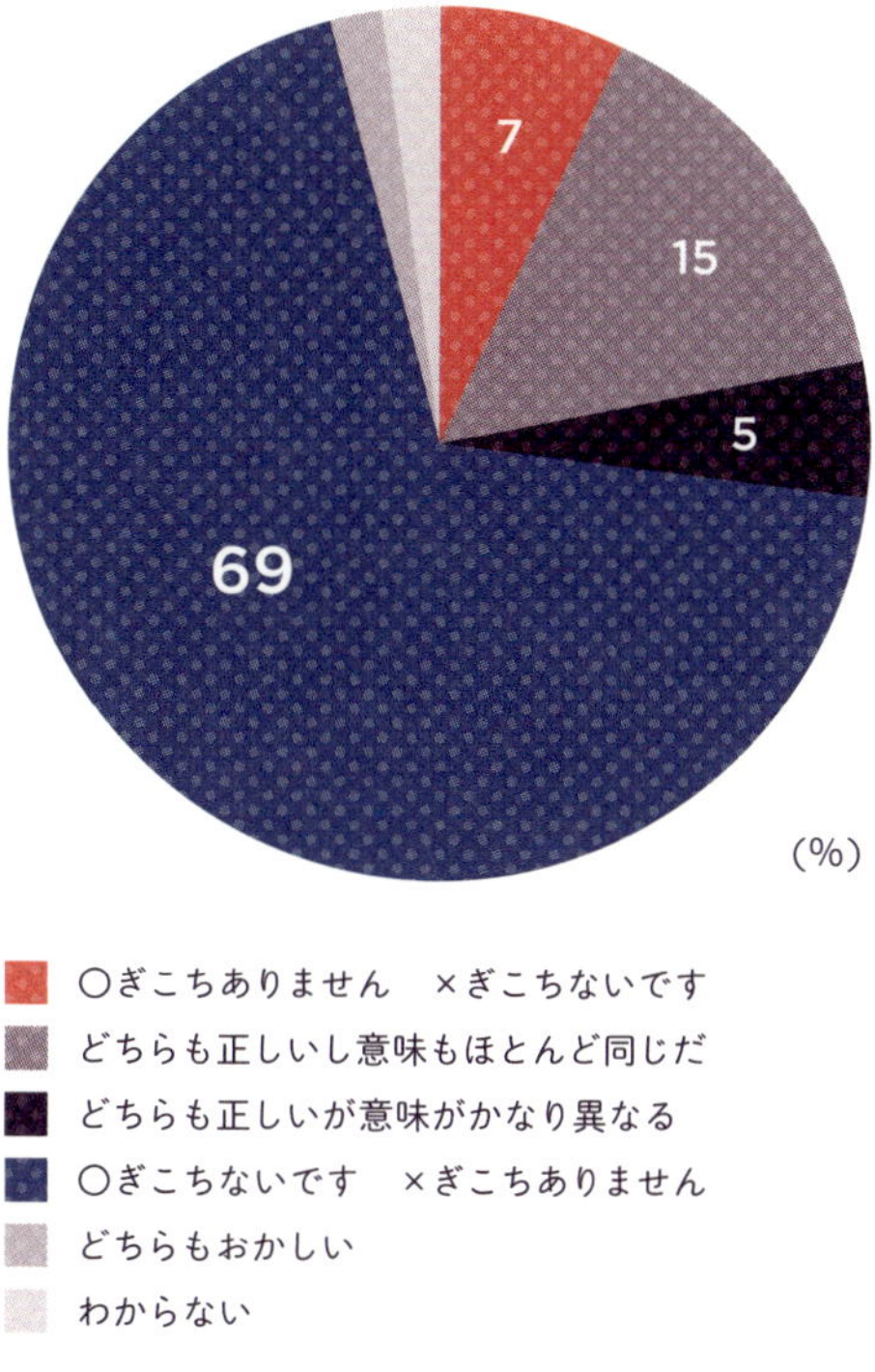
7
15
5
69
(%)
○ぎこちありません　×ぎこちないです
どちらも正しいし意味もほとんど同じだ
どちらも正しいが意味がかなり異なる
○ぎこちないです　×ぎこちありません
どちらもおかしい
わからない

（2019年1月実施、全国1,224人回答［計画標本数4,000、有効回答率30.6%］）

「ぎこちありません」のみを支持する回答（7%）よりも、「ぎこちないです」のみを支持する回答（69%）のほうが、圧倒的に多くなりました。

48

野菜が売っている？ 野菜を売っている？

Q

「野菜が売っているスーパー」という言い方は、おかしいのでしょうか。

A

「誰々が　何々を　売る」というのが基本的な形ですから、「野菜を売っているスーパー」というのが本来の言い方です。「野菜が売られているスーパー」あるいは「野菜が売っているスーパー」という言い方を耳にすることもよくありますが、正しくないと感じる人も多いようです。

このように「が」か「を」かを迷う例として、「そこで卓球の試合がやっている」（本来は「試合をやっている」）などの言い方もあります。

「売る」や「やる」は、「他動詞」と呼ばれるものです。文になるときには次のような形を取ります。

〔人・集団〕が〔物・商品〕を売る

〔人・集団〕が〔あること〕をやる

ここから考えると、「野菜が売っている」という文は、「野菜さんが何かを売っている」という、絵本の中の世界のような解釈になってしまいます。

ただし最近では、「野菜が売っている」でもかまわないという人が増えているのも事実です。特に、「発見・驚き」などの気持ちを伴って「あ、こんなところに野菜がある！」と言うのと同じような意味で「野菜が売っている！」というように言われることは、現代の日常会話ではしばしばあるようです。こういう状況の場合には、「野菜を売っている！」であるとか「野菜が売られている！」という言い方だと、「発見・驚き」のニュアンスがあまり出せないのかもしれません。

ウェブ上でおこなった調査では、本来の言い方である「野菜を売っている」が正しいと感じる人が圧倒的に多く表れました。これは、「新鮮な野菜（が／を）売っているスーパーを探している。」という言い方について尋ねたものです。

ただし、「『が』が正しい」という答えや、「『を』が正しいと思うが、自分は『が』と言う」という回答が、若い年代になるほど多くなっていることが見て取れます。

「が」か「を」かを迷ったときには、「売っている」「やっている」の「ている」の部分を、過去形に変えて考えてみましょう。

「野菜を売った」「試合をやった」というのはまったく問題ありませんが、「野菜が売った」「試合がやった」というのは、とても変ですよね。

このあとも、どうぞ読み進めてください。面白くてためになることが書いていますから。

「新鮮な野菜【が／を】売っているスーパーを探している」

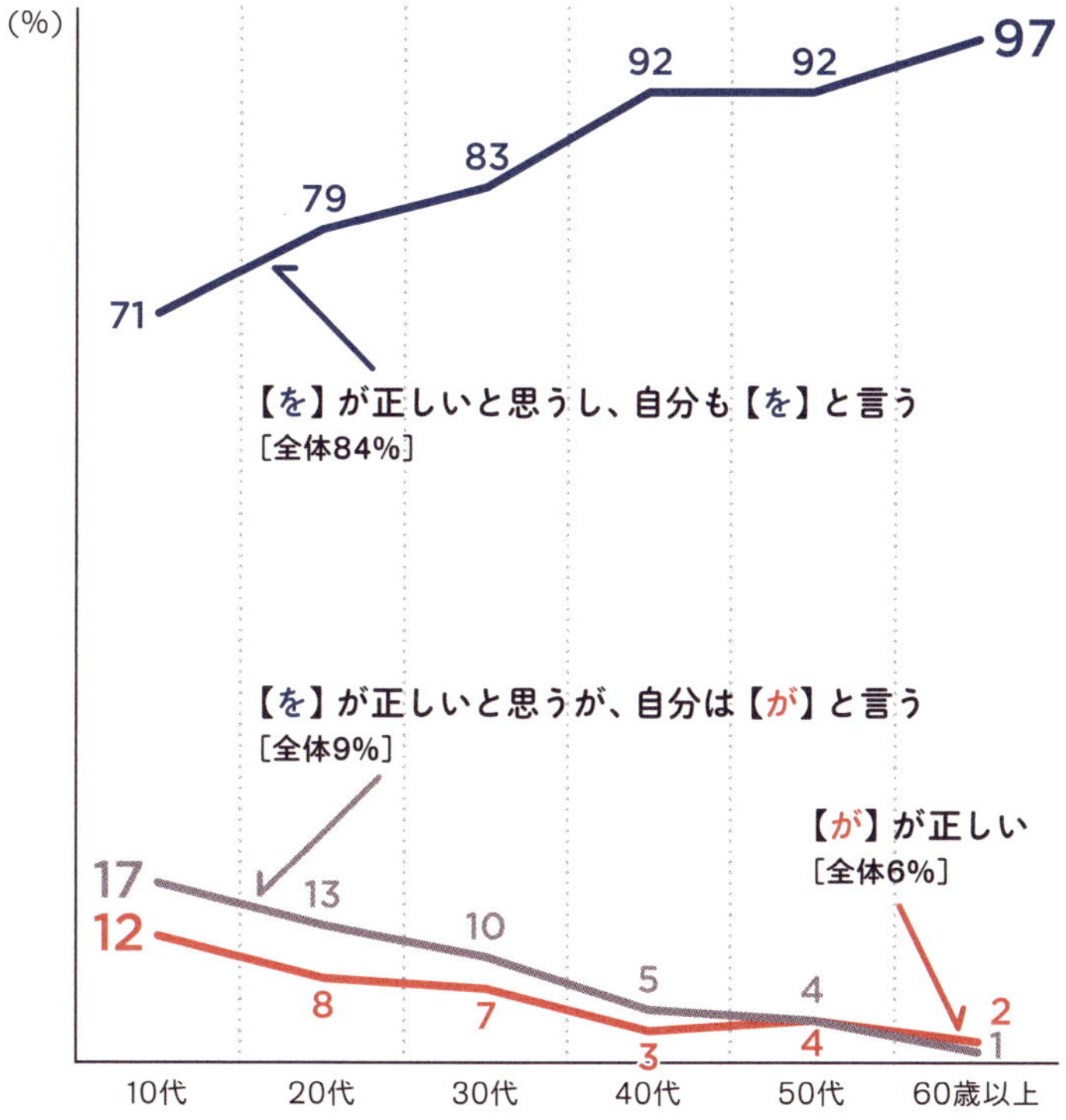

（2005年1月～2月実施、NHK放送文化研究所ウェブアンケート、2,053人回答）

「新鮮な野菜【が】売っているスーパー」という言い方にも、ぼくはそれほど違和感を抱かないほうなのですが、これを「新鮮な野菜【が】販売しているスーパー」とすると、とたんに気になってきます。実質的に同じ意味を表す動詞なのに、不思議です。

49

水が飲みたい？ 水を飲みたい？

Q

水が飲みたい？　水を飲みたい？

A

これは昔から論争の種になっている問題で、どちらが正しいのか一概には言えません。

この2つの文だけを比べた場合には「水が飲みたい」のほうが一般的だと言うことができますが、では「〜（し）たい」という場合には必ず「が」が付くかというとそうではなく、むしろ「を」のほうが多いので、注意が必要です。

この問題（「～が（し）たい」と「～を（し）たい」のどちらがふさわしいのか）は、ことばを研究している人たちの間でもいろいろな見解があります。ここでは、だいたいの傾向を紹介しましょう。

おおまかな考え方として、まず「だいたいの場合は『を』だが、『単純な文』の場合には『が』になることもある」と言うことができます。次の文を、ご自身で比べてみてください。

（1）水［が／を］飲んでおきたい
（2）水［が／を］たくさん飲みたい
（3）水［が／を］飲みたい

（1）は「を」のほうがよいように感じますが、（2）はどちらも同じくらい、（3）になると「が」のほうがしっくりとくるのではないでしょうか。

（3）のように、「単純な文」の場合には「が」が使われる割合が高まるのです（ただし「が」と「を」とでは、両方使える場合でも、ニュアンスの面で違いが出ることがあります）。

また、動詞の種類によっても差があります。

(4)水［が／を］飲みたい

(5)常識［が／を］壊したい

(5)の「壊す」のように、動作をおこなった結果として対象の物に大きな変化が生じるような動詞の場合には、「単純な文」であっても「が」ではなく「を」が来ることが多いのです。

なお、地域差もあります。特に静岡・山梨・長野などでは、「飲む」などを用いた「単純な文」であっても「を」が使われることが多いようです。

このあともこういう内容の話が読みたい、と思っていただけるよう、がんばって書きます。

50

「あるかどうか」?「ないかどうか」?

Q

「余罪があるかどうか調べています」は「余罪がないかどうか調べています」と言うこともできますが、この2つはどのように違うのでしょうか。

A

これはたいへん難しい問題で、人によっても受けとめ方が異なり、残念ながらまだくわしいことはわかっていません。ことばの面から一つ言えそうなのは、「あるかどうか」はある程度ニュートラル（中立的）に使われるものであるのに対して、「ないかどうか」は「『ない』ということが前提になっている」場合に用いられる、ということが挙げられるかもしれません。

「余罪がないかどうか」のほうは、文脈によっては「これまでの情報ではひとまず余罪がありそうな気配が見当たらない（が、引き続き調べてみる）」というようなニュアンスを帯びることがあります。

ちょっと頭の体操をしてみましょう。

A「『変わる日本語、それでも変わらない日本語』っていう本、ある？」

B「たぶん、ないと思うけど。」

A「［〇あるかどうか／〇ないかどうか］確かめてくれる？」

この場合、Aさんは、「あるかどうか」「ないかどうか」の両方とも使うことができるでしょう。

ここでは、Bさんの予想として「ない」ことが前提になっています。

一方、次の場合はどうでしょうか。

A「『変わる日本語、それでも変わらない日本語』っていう本、ある？」

B「たぶん、あると思うけど。」

A「[○あるかどうか／×ないかどうか］確かめてくれる？」

この場合では、Aさんは、「あるかどうか」とは言えても「ないかどうか」とは言えないのではないでしょうか。

ここでは、Bさんの予想として「ある」ことが前提になっています。

つまり、「ないかどうか」は、「客観的な状況や主観的な知識に照らし合わせて『ない』ということが前提となっている」場合にしか、使えないようなのです。

一方「あるかどうか」は、「ある程度中立」で「多くの場合に使える」と言えるかもしれません。

しかし万能ではなくて、「ない」という可能性がきわめて強い場合には、「ないかどうか」が使われるのが一般的です。

ご提出いただく書類には、ご記入の内容に間違いが［ないかどうか］、いま一度確認していただけますよう、お願い申し上げます。

これをもし、次のように「あるかどうか」に置き換えて示されたとしたら、どれだけ敬語が使われていたとしても、気分が悪くなるのではないでしょうか。

ご提出いただく書類には、ご記入の内容に間違いが「あるかどうか」、いま一度確認していただけますよう、お願い申し上げます。

6時間目

社会

わたしたちの日本語の現在

51

「知れて」?「知ることができて」?

Q

「事実を知れてよかった」という言い方は、おかしいのでしょうか。

A

少なくとも、「事実を知ることができてよかった」と比べると、これまで広く用いられてきた言い方であるとは言えません。しかし調査をしてみたところ、特に若い人たちの間では「両方とも言う」という意見がかなり多いことがわかりました。

日本語には、「可能動詞」というものがあります。たとえば「行ける」や「書ける」というのは、「行く」「書く」を可能動詞の形にしたものです。

お尋ねの「知る」という動詞は、周りの状況や情報などをきっかけにして、（自分の意思とは関係なく）ある知識が頭の中に入ってくることを表します。

このように個人の意思では制御できない動作を表す動詞の場合、形の上で可能動詞を作ることはできても、「自発（＝自然とそうなる）」の意味になることがあります。たとえば「笑える」「泣ける」というのは、「笑う能力がある・笑ってもいい状況だ」「泣く能力がある・泣いてもいい状況だ」ということよりも、多くの場合には「自然と笑ってしまう」「自然と涙が出てしまう」ということを示します。

「知れる」もこれと同じで、本来は「自発」として使われます。

たとえば「お里が知れる」というのは、ふるまいやことばづかいから育った環境などが自然とわかってしまうということです。

この「知れる」が「可能」としても使われるようになってきたのは、比較的最近のことです。

ウェブ上でのアンケートの結果では、「事実を知れてよかった」と（も）言うという人は、若い年代になるほど多くなっていることがわかりました。今後は、このような「可能」の意味での使い方が一般的になっていくかもしれません。

「もっと上手に説明したいのですが、ぼくの能力など「たかが知れて」いるので、今回はこの程度でご勘弁ください。

「事実を『〇〇〇』よかった」は……

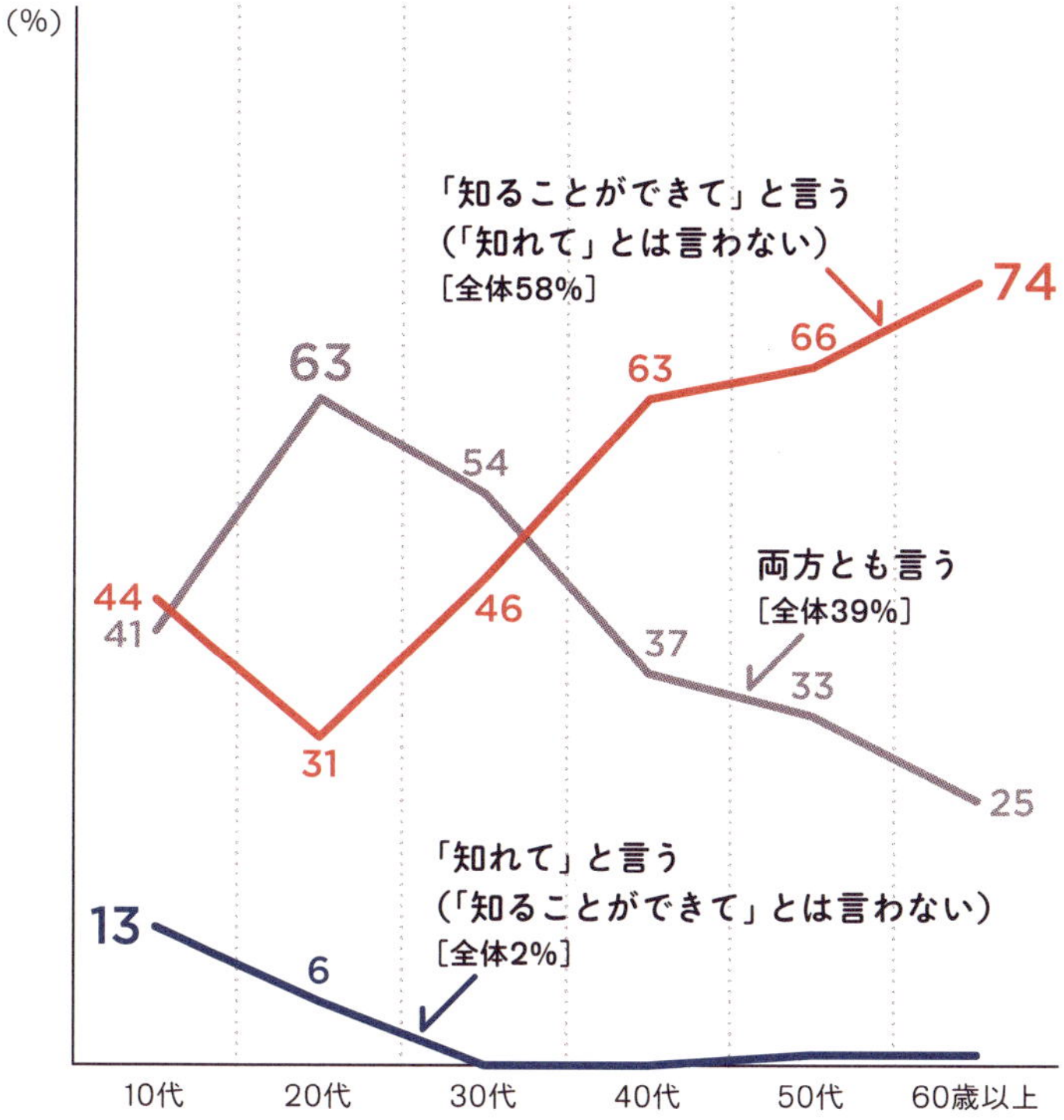

(2012年4月〜5月実施、NHK放送文化研究所ウェブアンケート、385人回答)

「知れてよかった」という言い方がなぜ一般的になりつつあるのか、はっきりした理由はわかりません。「知る」という動詞が、「自然に情報が入ってくる」という意味から、「がんばって情報を取り入れる」という意味に変化しつつあるのでしょうか。

52

「募金」「課金」は、お金を出すこと？

Q

「コンビニに行って、募金をしてきた」「ゲームで課金してアイテムを手に入れる」という言い方は、おかしいのでしょうか。

A

両方とも、漢字の意味から考えると、本来の用法ではないとされています。ただし、新しい用法が生まれてくるのはそれなりの理由があってのことで、まずは、社会で現在どのように受け止められているのかを把握しておくことが重要だと思います。

まず「募金（を）する」については、街頭に箱を持って立つなどの「お金を集める側」の行為を指す言い方としては、まったく問題ありません。

その反対に、お金を出す（寄付する）行為のことを「募金（を）する」と言うと、間違った言い方だととらえる人もいます。なぜでしょうか。

「募金」の「募」は、「つのる」、つまり「いろいろな人に呼びかけて集める、募集する」という意味です。

つまり「募金」は、本来は、「お金を出してくれるよう、いろいろな人に呼びかけて、集める」ような状況で使うことばです。「街頭募金」は街頭に立ってお金を募ること、「募金活動」はお金を募る活動です。なお、同じく「募」という字を使っている「応募」は、「ある呼びかけ（募集）に応じて、書類などを出す」ということです。

この「募金」が、逆に「お金を出す」ような行為について表すのは、１９８０年ごろ学校から広まった「誤用」だという指摘があります（『岩波国語辞典（第八版）』）。

では、なぜ「募金」が反対の意味でも使われるようになったのでしょうか。

「募金」の反対語を辞書で調べてみると、「拠金（醵金《きょきん》）」「義援（義捐《ぎえん》）」や「寄付」などが出てきます。

ですが、「拠金（を）する」「義援（を）する」などは、話しことばとして使うのには少々かたすぎます（ただし「義援金」はよく使われています）。

また「寄付（を）する」については、人によっては自分が出す額が少ない場合には「寄付」とは言いにくいと感じる人もいます。

このように、なかなかしっくりする表現が見当たりません。そうしたことから、この「すきま」を埋める言い方として、「募金」の新たな用法が一般的になってきたのだと思います。

次に「課金」についてです。「課す（課する）」ということばがありますが、これは「支払いなどを義務づける」という意味です。「あるサービスなどを利用した人に対して、お金を払わせる」ような状況で使うのが、「課金」の本来の用法です。

いったんまとめると、「募金」は「お金を集めること」、「課金」は「支払いを義務づけること」が本来の用法です。

これに対して、ご質問にある例文のように、「募金」「課金」を、「お金を出す」状況で使う新しい用法が、特に最近多くなっています。

調査した結果を見てみましょう。

まず「募金」図1については、全体としていちばん主流の回答は、グラフにある（A）のような本来の用法と（B）のような新用法に関して「両方ともおかしくない」というものです。ただし30代では、本来の用法〔＝（A）〕は「おかしい」という回答（46％）のほうがわずかに多くなっています。一方80歳以上では、新用法〔＝（B）〕は「おかしい」という回答（25％）が、ほかの年代に比べて多くなっています。

全体として見ると、80歳未満では新用法を「おかしい」とする回答が少なくなっています。つまり、これは「新用法」とは言っても、ずいぶん昔から定着している用法であることが、ここからわかるでしょう。

図1　A　街頭に立って箱を持ち、「募金をおこなった」
B　コンビニに行って、「募金をしてきた」　（年代別）

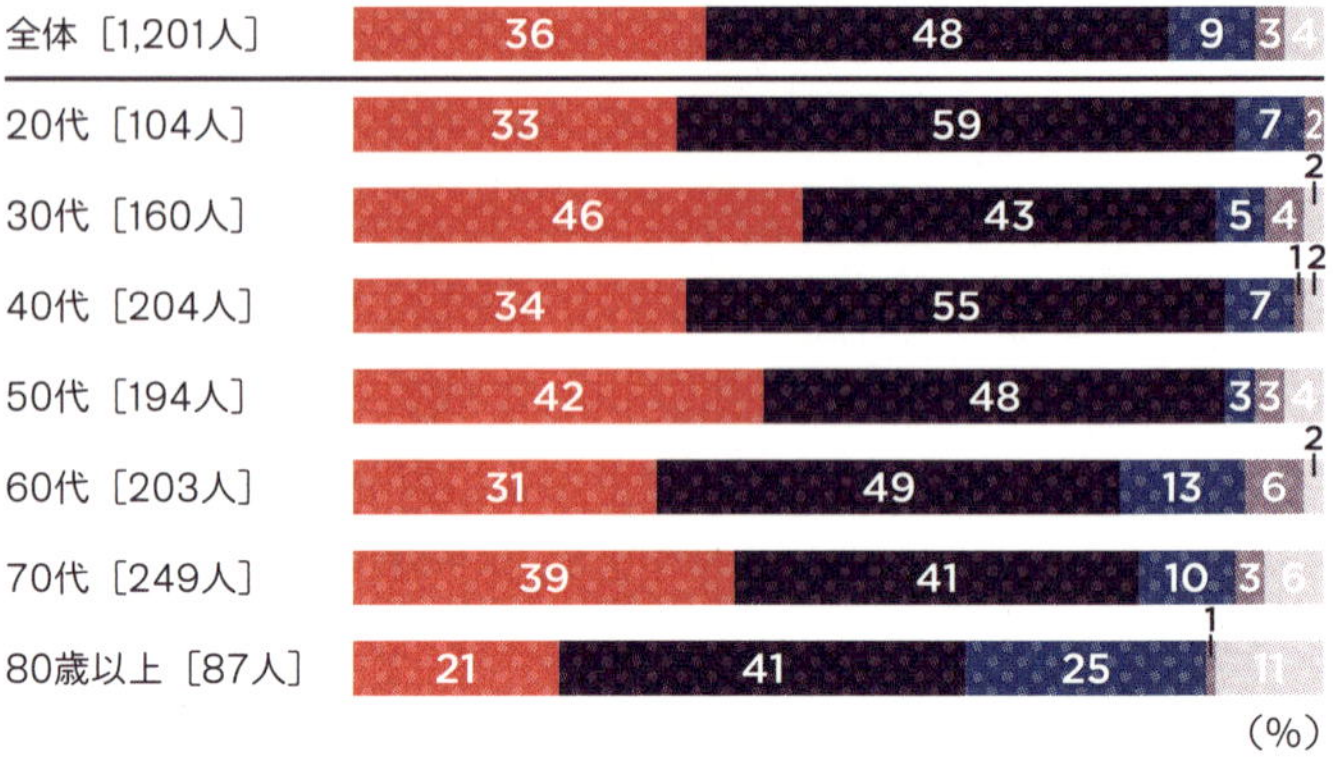

（2021年6月実施、全国1,201人回答［計画標本数4,000、有効回答率30.0%］）

図2　A　ゲーム会社がオンラインゲームに「課金」する
B　ゲームで「課金」してアイテムを手に入れる　（年代別）

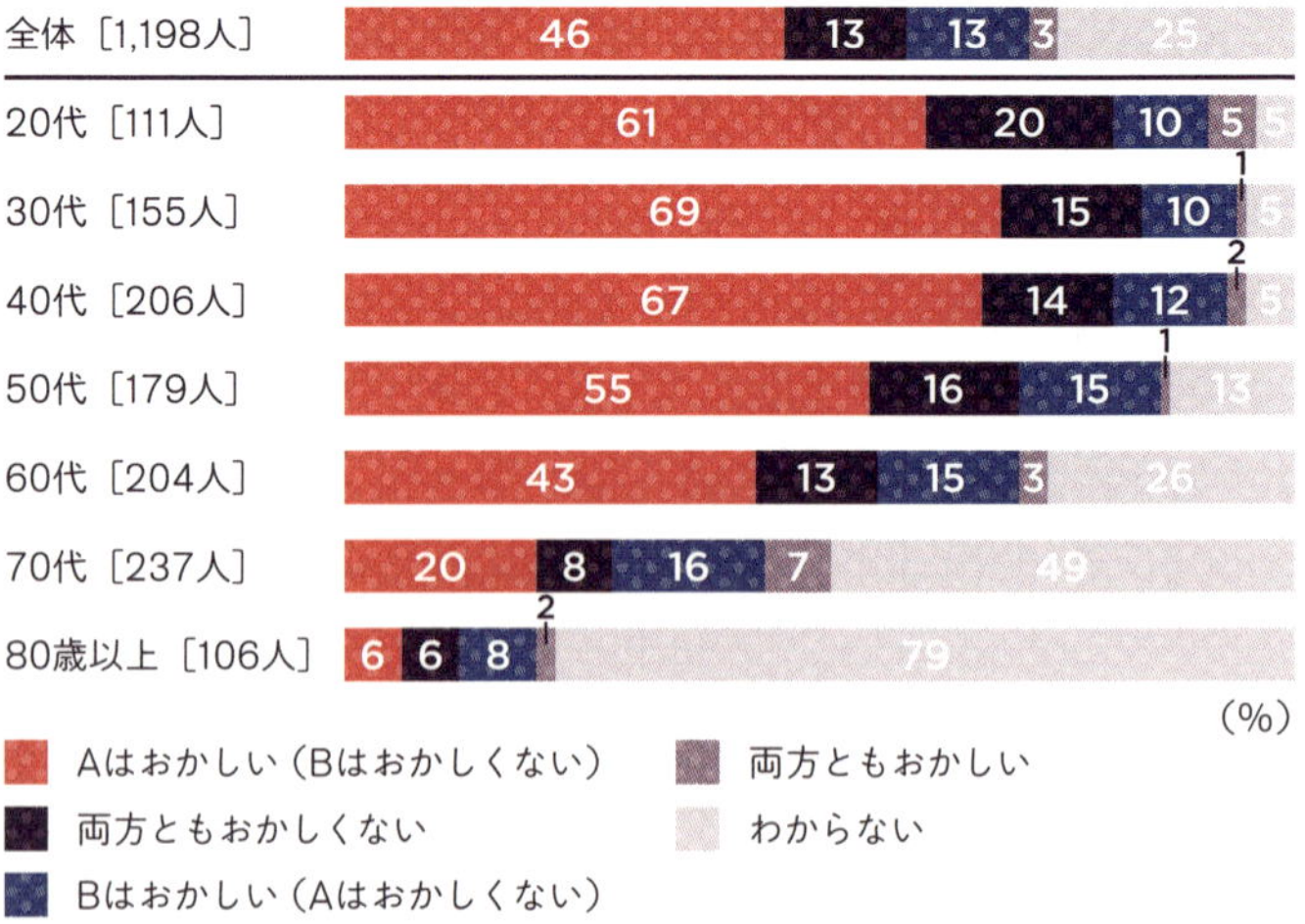

（2022年8月実施、全国1,198人回答［計画標本数4,000、有効回答率30.0%］）

次に「課金」図2について見てみると、全体としていちばん主流の回答は、(A)のような本来の用法に関して「おかしい」とするものでした(46%)。

ただし、一見してわかるとおり年代差が非常に激しく、30代から上では年代が高くなるにつれてこの回答が少なくなっています。

それに対して、年代の高い層で圧倒的に多いのは「わからない」という回答です。

全体としては、ここに見られる年代差の激しさから、「課金」の新用法がものすごいスピードで広まったらしいことが浮かび上がってきます。

さて、現時点での全体の割合だけを見れば、「募金」「課金」のいずれの新用法も、もはや問題ないものと考えてよさそうな気もしてきます。

しかし、ここから先はかなり主観が入ってくるのですが、「募金」の新用法は広まってからかなり時間がたっているのに対して、「課金」のほうは現在進行中の急速な変化であるところが気になります。

「課金」のようにまさに変化の真っただ中にあることばについては、新用法の扱いに関して、やや慎重になる（状況が落ち着くまで、時間を置いて考える）必要があるように思うのですが、いかがでしょうか。一方「募金」については、新用法の中でも「すでに定着した新用法」に該当《がいとう》します。街頭《がいとう》募金ならぬ「該当募金」だというわけです（意味がよくわからない）。

一方「募金」については、「お金を寄付すること」というような新しい用法を、もはや認めてもよい段階なのではないかと思っています。

いやいや、新しい用法が一般的になったとしても、自分が使うことばとしては気をつけておきたいという方には、たとえば次のような言い回しもあることをご紹介しておきます。

募金集めが始まった ⇩ 募金活動が始まった

集められた募金は… ⇩ 寄せられたお金（義援金）は…

募金を呼びかけています ⇩ 募金への協力を呼びかけています

53

「寸断」？

Q

「（その道路は）土砂くずれで【寸断】されています」と言った場合、その「途切れているところ」は、だいたい何か所くらいあるものなのでしょうか。

A

「寸断」の本来の意味から考えれば、「途切れているところ」がいくつもないとおかしなことになります。しかし近年では、「一か所だけが途切れている」ような場合でも「寸断」と言うことが多くなっているようです。

まず、「寸断」の「寸」という漢字について考えてみます。「寸」は尺貫法での長さの単位で、約３㎝に相当します。ここからの連想で「非常に短い」という意味もあり、「寸劇・寸評・寸暇」などに表れています。

「寸断」は、本来「非常に短くなるように断たれる」つまり「ずたずたに断ち切られる」ことを指すことばです。もともとの意味としては、複数箇所が断ち切られていないと「寸断」とは言えないはずのものです。

ウェブ上で、アンケートをおこなってみました。ここで、①と③を合わせて【「一か所」支持】、②と④を合わせて【「複数箇所」支持】としたうえで年代別に見てみると、若い年代になるほど【「一か所」支持】の割合が多くなっていることがわかりました。「寸断」については、「一か所だけが断ち切られている」という新しい意味も認める時期に来ているかもしれません。

しかし、本来の意味は「ずたずたに断ち切られる」であるということを知っておくのも重要です。「そんな細かいことを気にして、どうすんだん！」などと言わずに、ときには辞書を引いて味わってみるのはいかがでしょうか。

「その道路は、土砂くずれで【寸断】された。」

解釈A：「通れなくなったのは一か所」

解釈B：「通れなくなったところは何か所もある」

① 文脈によって、Aの意味にもBの意味にもなるが、本来はAの解釈が正しい 38%

② 文脈によって、Aの意味にもBの意味にもなるが、本来はBの解釈が正しい 22%

③ どのような場合でも、Aの意味である（Bの解釈はおかしい） 21%

④ どのような場合でも、Bの意味である（Aの解釈はおかしい） 16%

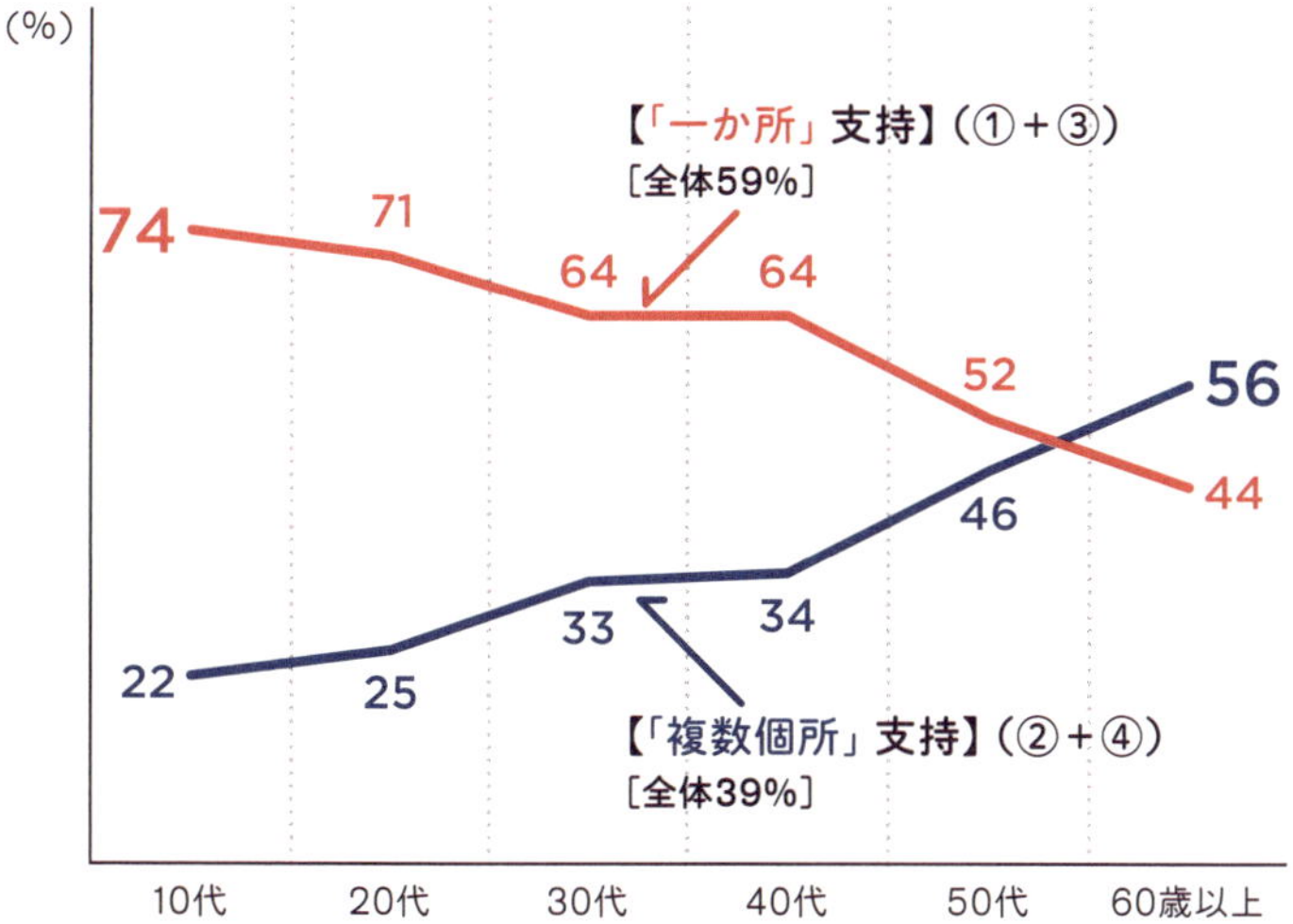

（2013年8月～9月実施、NHK放送文化研究所ウェブアンケート、1,788人回答）

本来の意味である【「複数箇所」支持】が若い年代になるにつれて少なくなっているのは、尺貫法がほとんど使われなくなってきて「寸」が3cmぐらいの短さを表すという知識が一般的ではなくなってきたことと、また、同じくサ行で始まる「遮断」「切断」などは必ずしも「複数」でなくてもかまわないことなどが、もしかすると背景にあるのかもしれません。

54

「真っ茶色」?

Q

「真っ茶色」という言い方は、おかしいのでしょうか。

A

おかしな表現だとまでは言えないでしょうが、現時点では違和感を覚える人も多いことは事実です。かしこまった文章を書くときなどは、避けておいたほうがよいかもしれません。しかし今後、この「真っ茶色」という言い方は、抵抗なく受け入れられるふつうの言い方になってくると推定されます。

まず、「真《ま》～」ということばは、「純粋に・正確に」といった意味です（真冬・真東など）。色の名前に「真～」が付く場合には、次のようなものが一般的です。

真っ白／真っ黒／真っ青《さお》／真っ赤／真っ黄（色）

この「白・黒・青・赤・黄」は「色を表す専用のことば」で、なおかつ色彩として基本的なものです。こうしたものには、「純粋な」といった意味の「真～」が付いてもまったく問題ありません。

これに対して「茶色／緑色／紫色」などは、「『お茶』の色／草木の『緑』の色／植物の『紫』の色」といったように、植物などの呼び名を借りたもので、また色彩としては必ずしも基本的なものではありません。実在する物の呼び名を「～色」という形で借りる方法を使うと、「チョコレート色／コーラ色」など、さまざまな言い方を作ることができます。こうしたものには、「真～」は付きにくいのです。

ただし「真っ茶色」は、実際にはよく使われているように思います。ウェブ上でおこなったアンケートでは、若い年代では「真っ茶色はおかしい」という回答が少なくなっていました。「真っ茶色」は、今後は抵抗なく受け入れられることばになってゆくかもしれません。

「真っ茶色」は判断に迷う例ですが、「真緑／真紫／真っピンク」となるにつれて、抵抗感が強くなってゆくような気がします。将来は、「真グレー／真っコバルトブルー」といった言い方も出てくるのでしょうか。

「真っ黄色」「真っ茶色」は……

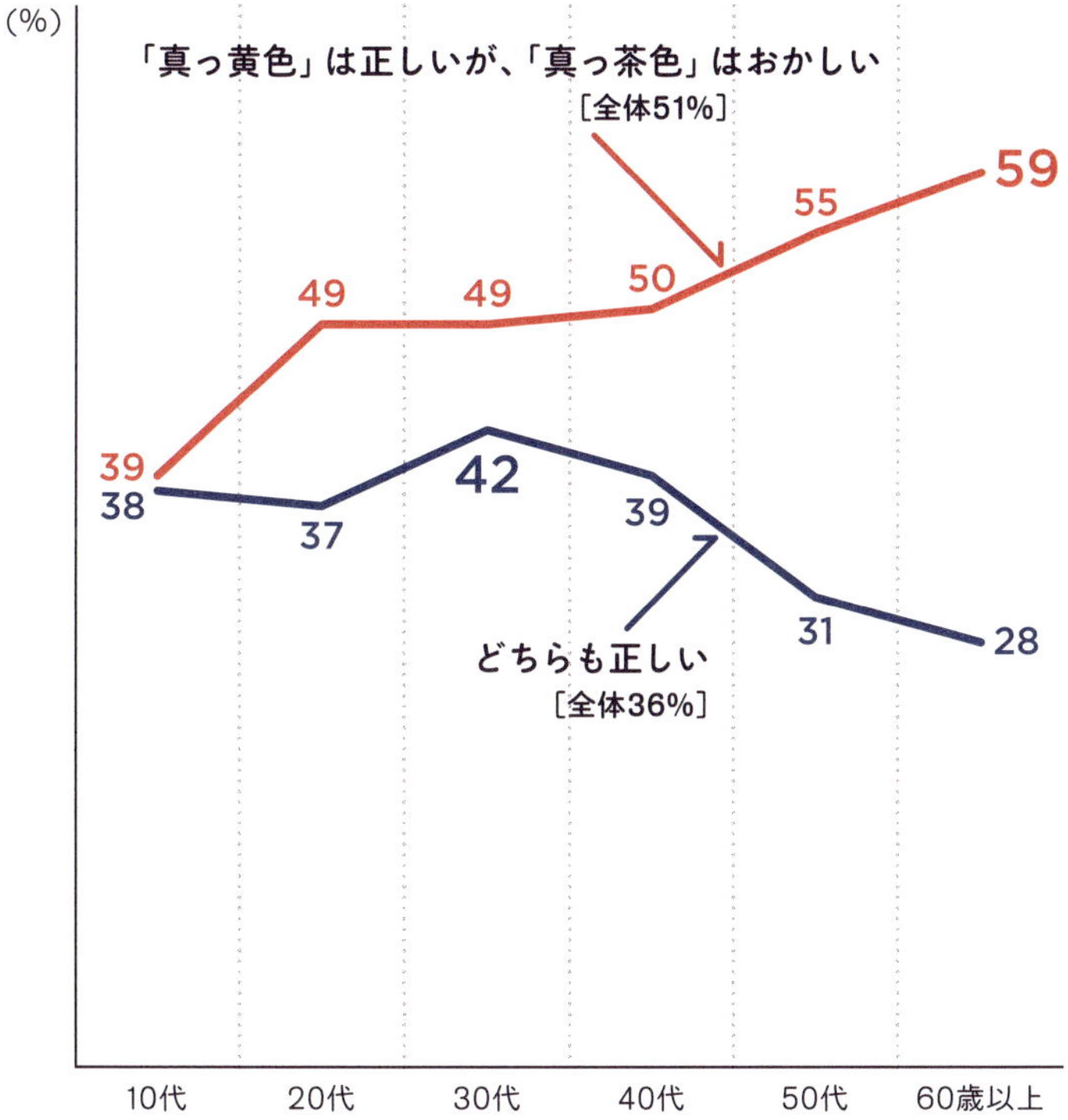

（2009年3月～4月実施、NHK放送文化研究所ウェブアンケート、850人回答）

ぼくのパソコンで「まっちゃいろ」と入力すると、昔は「抹茶色」が出てくることもあったのですが、今ではふつうに「真っ茶色」が出てきます。

6時間目

55

「秋本番」？

Q

「いよいよ秋本番！」という言い方は、おかしいのでしょうか。

A

間違った言い方だということは決してありませんが、「夏本番」「冬本番」に比べると、人によってはやや受け入れにくいと感じる場合もあるようです。

まず、「本番」ということばは、古くは「正式の持ち番」などといった意味で、室町時代にはすでに使われた例があります。

その後に近代になってから、映画やラジオなどで「リハーサル」ではなく「正式の収録・放送」などを指すことばとして使われるようになったようです。

そして、時代的にはさらにこのあとだと思われるのですが、「真っ盛り」といった意味でも使われるようになりました。今回の「秋本番」などが、これに当たります。

さて、この「真っ盛り」という意味での「本番」、理屈の上ではどの季節に対しても使えるはずなのですが、実際の用いられ方、そして感じられ方には、季節によって差があるようなのです。

この問題について、全国調査をおこなってみました。

全体としては、「⑤すべておかしくない」(48%)がもっとも多く答えられました。

その一方で、「①『春本番』はおかしい」(33%)と「③『秋本番』はおかしい」(40%)も比

「〇本番」という表現について

「夏が本格化する様子を「夏本番」と表現することがあります。それでは「春本番」「夏本番」「秋本番」「冬本番」という表現について、お考えに近いものをいくつでもお選びください。」

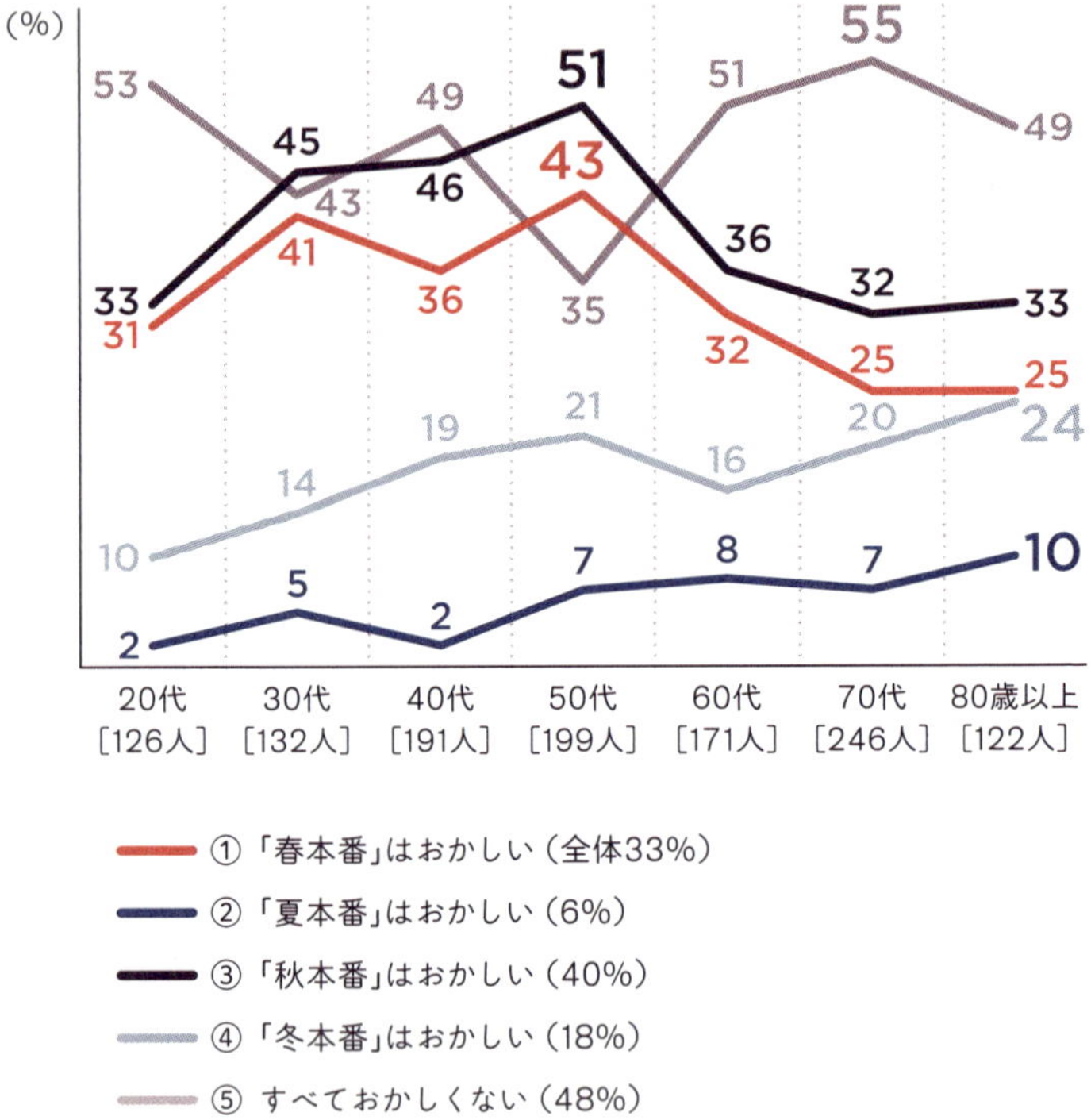

（複数回答可）

（2023年4月実施、全国1,187人回答［計画標本数4,000、有効回答率29.7%］）

較的多く、「②『夏本番』はおかしい」（6％）と「④『冬本番』はおかしい」（18％）は少ないという結果が明らかになりました。

また年代別の傾向としては、50代では「①『春本番』はおかしい」「③『秋本番』はおかしい」がほかの年代より多く答えられました。この年代は「春本番」「秋本番」にやや「厳しい」と言えるのかもしれません。

「夏本番」「冬本番」に比べると、「春本番」「秋本番」に違和感を覚える人が多いというこの実態、その理由について考えてみましょう。

気温の観点からすると、「夏」は「暑さ」のピーク（＝真っ盛り）、「冬」は「寒さ」のピークの時期ですよね。

それに対して「春」「秋」は「暖かさ」「涼しさ」のピークだととらえることもまあできなくはないでしょうが、そもそも「暖かさ」「涼しさ」に「ピーク」というものがあるのか、という考えもあると思います。

そのため、多くの人がどの言い方もおかしくないと考えている一方で、少なからぬ人が、気温の面での「ピーク」というものが把握しにくい「春（本番）」「秋（本番）」には違和感を覚える、という構図になっているのではないでしょうか。

ただし、このように「気温」で考えるのではなく、「春らしさが真っ盛り」「秋らしさが真っ盛り」というとらえ方をするのであれば、「春本番」「秋本番」という言い方も、決して間違いだということにはならないでしょう。

ここまで、下書きもしないで、一気にぶっつけ本番で書き上げました。

56

「目くばり」？「目くばせ」？

Q

「現場の細かいところまで『目くばせ』をする」という言い方は、正しいのでしょうか。

A

あまりおすすめできる言い方ではありません。

ことばの形が似ているので混同されがちですが、「目くばり」は「配慮すること」、「目くばせ」は「目で合図すること」です。

まず「目くばり」は、「目〔=視線〕をいろいろなところに配る」というところからできたことばです。

注意していろいろなところを見るという意味での「目をくばる」という言い方が、平安時代にはすでに表れています。現代語では、「目配り」のように漢字で書いても差し支えありません。語源が「配る」であるからです。

一方「目くばせ」は、ことばの成り立ちが複雑です。

平安時代に「目をくはす〔=食わせる〕」という言い方がみられるのですが、これが「目で合図して知らせる」という意味であったと考えられています。この「目くはせ」が、その後「目くばせ」になったのです。

つまり、「目くばせ」の「くばせ」は、語源上「配る」とは関係がありません。そのため、「目配せ」のように漢字で書くのは、「あて字」ということになってしまいます。『NHK漢字表記辞典』(p.554)では「目配り」「目くばせ」のように示しているのですが、これはこうした理由によるものなのです。

A「現場の細かいところまで【目くばせ】をする」
B「現場の細かいところまで【目くばり】をする」

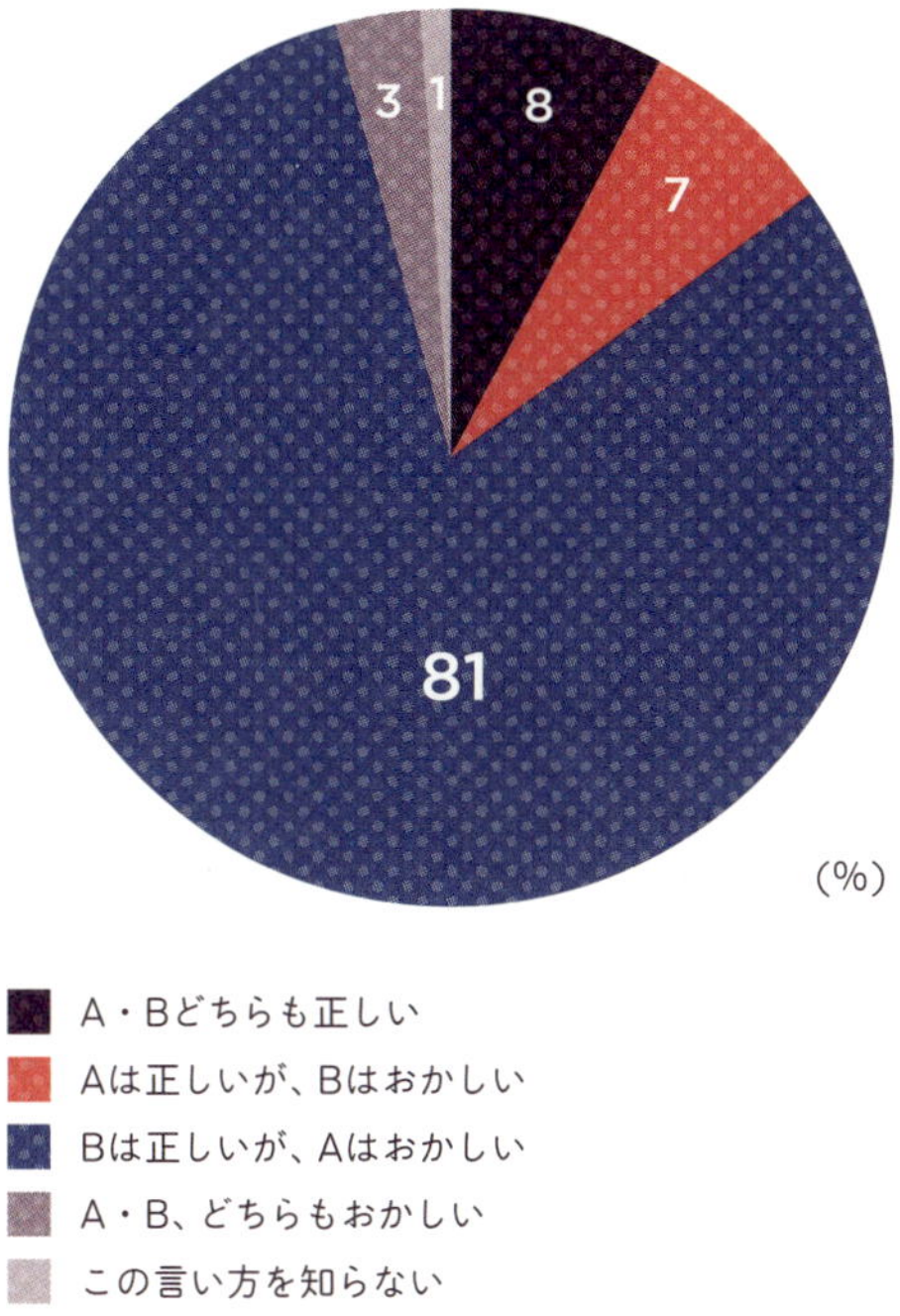
3
1
8
7
81
(%)
A・Bどちらも正しい
Aは正しいが、Bはおかしい
Bは正しいが、Aはおかしい
A・B、どちらもおかしい
この言い方を知らない

（2014年9月〜10月実施、NHK放送文化研究所ウェブアンケート、708人回答）

アンケートでは、「目くばせ」を「目くばり」の意味で使った用法（A「現場の細かいところまで『目くばせ』をする」）はおかしいという意見が、81%と圧倒的多数を占めていました。

この2つのことばは、使われ方としても、もともと重なっていたところがあります。たとえば、江戸時代の浄瑠璃に「表の方へめをくばれば」という言い回しが表れているのですが、これは「外のほうを見ると」に加えて「外のほうに向かって目で合図をすると」という解釈も可能です。これは、「目くばり」が「目くばせ」の意味で使われた（とも考えられる）例です。

日本語の現状を探るために、ふだんからいろいろな人の言っていることに目くばりしています。話している人の顔をじっと見つめることが多いのですが、これ、目くばせしてるわけじゃないですからね。

おわりに

残念ながら、世界には争いごとが絶えません。その大きな理由として、自分の考え方・感じ方とは異なるものを受け入れようという努力をしないこと、また、そのための議論・話し合いが不足していることがあるのではないかと思うのです。話し合いはたいてい困難を伴って、必ずしもおもしろいものではないでしょうが、それでもわたしたちは、話し合いをやめてしまうのではなくて、とにかく、ことばを使ってコミュニケーションをし続けていかなければならないのではないでしょうか。

人間ですから、ことばづかいに関しても「好き嫌い」はあって当然だと思います。ただ、「嫌いだ」と頭の中で思う（そしてそのことばづかいは自分ではしない）ことは個人の自由であっても、「このことばづかいは自分は嫌いだから『間違ったもの』であるし、あなたも使うのはやめてください」（あなたもわたしと同じ思考方式を取り入れてください）とほかの人に強制しようとするような態度は、ちょっと違うのではないかと思います。お互いがそんなふうに思っていたとしたら、とても窮屈な社会になってしまうでしょう。

その一方で、多様な人たちから成る社会で暮らすうえでは、自分が「好きだ」と思うことばづかいを、純粋に自分の気持ちだけに忠実に従って使えばいいというものでもないと思います。聞いている人が理解できるかどうか、また、気分を悪くしたりしないかどうか、常に気を配る必要があります（これがぼくにはまったくできていないので、かなり自戒を込めて）。今後、ＡＩと会話することも一般的になっていくでしょうが、こうした点が重要になるものと考えています。


さまざまな調査結果に見る日本語の現況から、こうしたことをめぐって考えるきっかけを得ていただけたらと願いながら、この本を世に送り出すものです。

土台になったのは前著と同じくこれまでＮＨＫ放送文化研究所のホームページに掲載してきたことばのコラムで、これらの中から56編を選び、それぞれに大幅な改稿を施しました。

高校生のころにＮＨＫのラジオの外国語講座をぜんぶ制覇してやろうと思い立ち、そこそこいいところまでは行ったものの途中で挫折して、その後もいくつかの言語を学びつつ、ずっと日本語を中心にいろいろなことを考えてきました。さまざまな人たちが見聞きする放送という場ではどういう日本語を使うのがふさわしいのか（p．256参照）、ということを考え続けて数十年になります（「数十年」ということばの解釈についても「ゆれ」があるでしょうが）。ことばについて思いを巡らせてしまう癖は、もう一生、治らないことでしょう（治す必要もないかもしれませんね）。

あたりまえのことなのでしょうが、人間は、自分だけの力で生きているわけではないことを痛感します。こんな（偏った行動特性を持つ）ぼくでも社会で生きていけているのは、ひとえに、まわりの人たちのおかげです。困っていると、たいていの場合、だれかが助けてくれるのです。

世界文化社の土肥由美子さんは、前著に引き続き、ぼくのスケジュール管理能力のなさを常に補うように先回りしてフォローしてくださり、ここまで連れてきてくださいました。今日マチ子さんは、手元に置いておくだけでわくわくするようなすてきなイラストを描いてくださいました。ありがとうございます。

また、いつも助けてもらってばかりの、NHK放送文化研究所・用語班の頼もしく力強く心優しく愉快な面々、特に今回の編集は、スタッフの虎岩千賀子さん・竹内玲子さんの緻密な点検なしにはとうてい成り立たなかったものです。ありがとうございます。

そして、妻と娘たち、癒やし犬《けん》のてぃだとくくる、毎日みんなに支えてもらって、ぼくは生きてます。ありがとう。

2025年2月の、春が待ち遠しい日に　塩田雄大

〈参考資料〉

▼本文中で示したもの

※注：塩田雄大（２０２２年）「「させていただく」の地域差は、どういう地域差なのか 世論調査と「食べログ」調査にみる」椎名美智・滝浦真人（編）『「させていただく」大研究』（くろしお出版）、塩田雄大（２０１９年）「配慮表現「させていただく」の違和感をめぐって」山岡政紀（編）『日本語配慮表現の原理と諸相』（くろしお出版）

▼放送用語に関するもの

ＮＨＫ放送文化研究所（２００５年）『ＮＨＫことばのハンドブック　第2版』（ＮＨＫ出版）
ＮＨＫ放送文化研究所（２０１１年）『ＮＨＫ漢字表記辞典』（ＮＨＫ出版）
ＮＨＫ放送文化研究所（２０１６年）『ＮＨＫ日本語発音アクセント新辞典』（ＮＨＫ出版）
塩田雄大（２０１４年）『現代日本語史における放送用語の形成の研究』（三省堂）
塩田雄大（２０１６年）「放送のことばは、わかりやすくなっているのか－その変遷と現在－」野村雅昭・木村義之（編）『わかりやすい日本語』（くろしお出版）
塩田雄大（２０１６年）「方言とマスコミ」井上史雄・木部暢子（編）『はじめて学ぶ方言学』（ミネルヴァ書房）
塩田雄大（２０２０年）「放送番組における方言活用」半沢康・新井小枝子（編）『実践方言学講座 第1巻』（くろしお出版）
塩田雄大（２０２２年）「放送の敬語」荻野綱男（編）『敬語の事典』（朝倉書店）
塩田雄大（２０２２年）「ラジオ放送の語彙」飛田良文（編）『近代の語彙（２）』（朝倉書店）

▼前著

塩田雄大（２０２３年）『変わる日本語、それでも変わらない日本語』（世界文化社）

塩田雄大（しおだ・たけひろ）

NHK放送文化研究所主任研究員。学習院大学文学部国文学科卒業。筑波大学大学院修士課程地域研究研究科（日本語専攻）修了後、日本放送協会（NHK）に入局。2011年、博士（学習院大学・日本語日本文学）。1997年から、放送で用いる日本語の方針立案・策定に関連する言語調査・研究を担当。『NHK日本語発音アクセント辞典 新版』（1998年）、『NHK日本語発音アクセント新辞典』（2016年）の改訂などに従事。著書に『現代日本語史における放送用語の形成の研究』『変わる日本語、それでも変わらない日本語』など。2015〜2025年、NHKラジオ第1『ラジオ深夜便』枠内コーナー「真夜中の言語学　気になる日本語」担当。

装画・本文イラスト：今日マチ子
装丁・本文デザイン：松本 歩（細山田デザイン事務所）
編集：土肥由美子（株式会社世界文化社）
校正：株式会社円水社

JASRAC 出 2501304-501

基礎から身につく「大人の教養」
NHK調査でわかった日本語のいま
ゆれる日本語、
それでも ゆるがない日本語

発行日　2025年4月10日　初版第1刷発行

著　者　塩田雄大
発行者　岸 達朗
発　行　株式会社世界文化社
〒102-8187
東京都千代田区九段北4-2-29
電話　03-3262-5124（編集部）
03-3262-5115（販売部）
印刷・製本　中央精版印刷株式会社
DTP製作　株式会社明昌堂

ISBN 978-4-418-25211-4